大家受啟發的 大家身影

走過，必留下足跡；畢生行旅，彩繪了閱歷，也孕育了思想！人類文明因之受到滋潤，甚至改變，永遠持續！

將其形諸圖文，不只啓人尋思，也便尋根與探究。

昨日的行誼，即是今日的史料；不只是傳記，更多的是思想的顯影。一生浮萍，終將漂逝，讓他走向永恆的時間和無限的空間；**超越古今，跨躍國度，「五南」願意！**

思想家、哲學家、藝文家、科學家，只要是能啓發大家的**「大家」**，都不會缺席。至於以「武」、以「謀」、以「體」，叱吒寰宇、攪動世界的風雲人物，則不在此系列出現。

大家受啟發的
大家身影系列 021

寇斯

超越「黑板經濟學」的法律經濟學鼻祖

吳惠林 著

自序　看時局念寇斯

美國芝加哥大學二〇一三年九月二日宣布，一九九一年獲頒諾貝爾經濟學獎的美國經濟學家寇斯（Ronald Coase, 1910~2013）於當日辭世，享壽一〇三歲。在爭權奪利、爭爭鬥鬥當作福、人人爲近敵的現時，寇斯的離世，難免令人特別懷念。

寇斯八十一歲高齡才獲得諾貝爾獎，而之所以獲獎，主要是他在一九三七年發表當年二十一歲大學還未畢業時就寫的〈廠商的本質〉（The Nature of the Firm），以及一九六〇年發表的〈社會成本的問題〉（The Problem of Social Cost）兩篇文章的貢獻。第一篇文章解釋了廠商的出現，目的是在節省交易成本（transaction cost），第二篇文章則解釋財產權的起源，爲的也是降低交易成本。

充滿交易成本的人間

人間畢竟不是天堂，時時處處都充滿成本，市場之所以出現，就是它能節省成本。市場機能固然是資源配置最有效率的方法，但爲有效率運作，市場上必須有確定、獨有，且可自由轉移的財產權，否則爲了磋商資源配置所花的成本，就會大到不堪負荷，順此推理，法律經濟學應運而生。法律經濟學在理論探討之外，也用於實際問題，譬如環境汙染和交通擁擠，若創設新財產權，經由技術和法制的進步，讓難以配置的財產權私有化就可化解難題。

不過，法律的制定及執行，往往由政府主導，這也就形成當前各國社會裡的兩大困境。一爲司法如果不能獨立，就很容易成爲當政者的「工具」，「合法掠奪」事件就會層出不窮，晚近臺灣公民運動勃興，就有這種味道；二爲法律的擴大反使交易成本增加，因爲法條規範、限制人的行爲，是「權力」的表徵，於是「多多益善」是執法者及司法者所希望的，甚至於以法爲職業的人士也有此種期待。因此，原本是提供某些「準則」讓個人皆可遵循，以減低「不確定度」，並減少交易成本，到頭來卻反會使個人處處不便，動輒得咎。

寇斯呼籲大家跳脫「黑板經濟學」，進入實際人間。書本上、黑板上所畫的圖形、所寫的模式，都只是非常簡化的形式，是訓練人的推理能力、培養人的邏輯概念的工具，不能直接用在實際生活中。他在一九八八年的〈闡釋社會成本的問題〉

（Notes on the Problem of Social Cost）一文的結語中，舉出政府最常用的租稅制度爲例，他引用另一位經濟學家包莫（William J. Baumol, 1922~2017）的話：「總括來說，要一五一十實施庇古氏租稅制度，我們實在沒有什麼理由抱持太大的信心。實施這個制度所需要的租稅，或所需給予補貼的額度，我們不知道應該如何去計算，也不知道如何由嘗試錯誤中去算出大概的數字。」

飛越「黑板經濟學」

寇斯對此話的解釋是：包莫所說的「庇古派傳統的結論本身，實際上是沒有瑕疵的」，指的應是邏輯上沒有瑕疵，而且假定能將該制度付諸實施的話，資源的配置可以達到最適。寇斯說他從來就沒否認過這樣子的推論之正確性，但他說：「我的看法不過是，這些稅制方案只是些夢想罷了。當我年輕的時候，有人說，說不出口的蠢話，可以用唱的。而在當代經濟學中，說不出口的蠢話，則可以用數學來表達。」寇斯明確認爲，這些稅制方案是不應該施行的，否則會產生不良後果。可是現實社會中，無論海內外，當權者卻都採用這些數學式子推導出來的東西作爲政策且實行之。以「頭腦的體操」作爲「複雜人生」的應用，當然是有夠荒謬的。

我們要問的是：爲何這種荒謬劇卻無時無刻不在世界各地上演呢？「急切想獲得『科學』的精確數據」可能就是「標準答案」，因爲一般人都容忍不了「見仁見智」！遺憾的是，眞實的「人的世界」眞的就是見仁見智！畢竟，每一個「人」都是活生生、有靈魂、有思想的生靈。

既然人是具「主觀價値」的活生生個體，就有別於硬邦邦的機器，也不同於「有形的物質」，怎麼可能會有「機械化、模式化」的「標準行爲」呢？書本上、黑板上演算的模式，充其量可說是「原理原則」，落實到活生生的「行爲個人」身上，當然人人會有區別，即便是同一個人，在不同時點，也會有不同的抉擇呀！

對照當前政府政策和各種方案的制定，難免讓人更懷念起寇斯了！於是興起寫寇斯、介紹寇斯原創性理論的念頭。雖然寇斯明確表示，大家都沒能明白他的理念，還好的是，他也公開表示，只有華裔產權名家張五常教授「眞正了解」，而張教授也時常成爲寇斯的代言人，其甚至扮演分身。所以，除了寇斯本人的說法外，由張五常的言詞文章來了解寇斯是很合適的。本書內容主要就是來自這兩種，先是以一篇寇斯的自述演說詞改寫作爲第一章，接著由張五常的數篇描述他與寇斯交往的文章改寫成第二章，第三章綜合一些文獻撰寫寇斯的思想觀念和學術貢獻，第四章則選取張五常和筆者發表的數篇應用或介紹寇斯思想、理念的文章，作為「寇斯思想觀念的一些應用」，第五章則再扼要描述寇斯的一生，並表示感念作為結語。

與《海耶克》、《弗利曼》、《亞當·史密斯》三本書一樣，本書也以通俗方式呈現，沒有注解和參考文獻，希望普羅大眾一目了然，輕鬆愉快地認識寇斯，並感受其愛世人的理念與胸懷。而對於一些被本書引述的文獻作者，只能從心底默默表示感謝！

本書之成，除感謝張五常及被引述的先進學者外，對於李秀卿好友和五南圖書出版公司及編輯同仁的辛苦編校、封面設計等也要表達感謝之意。當然，更衷心期盼讀者大力指正。

謹識於臺北

二〇一六年十一月二十日

二〇二二年八月十五日修

目錄

第三章 寇斯的經濟思想與學術貢獻 99

第一章　寇斯成爲經濟學者的演化之路

二〇一三年諾貝爾物理學獎揭曉的訊息據知晚了一個小時發布，原因是一時聯繫不到英國愛丁堡大學名譽教授希格斯（Peter Ware Higgs）這位得獎者，而高齡八十四歲的希格斯「沒手機也沒電視，住所不接網路」，過著令人驚訝的「低科技生活」，也因此很難聯絡到他。希格斯在半個世紀以前就利用標準模型提出俗稱的「上帝粒子」，這是上一世紀重大的「科學」發現，這麼頂尖的「科學家」竟然過著「低科技生活」，難怪讓人驚訝。不過，這也可讓世人思考「現代科技」予人的影響，究竟是好還是壞？

看到希格斯這個頂尖科學家過著低科技生活，我立即想到另一位獲得諾貝爾獎桂冠的現代隱士，他就是在二〇一三年十月諾貝爾獎揭曉之前的九月二日（芝加哥時間）過世的一九九一年諾貝爾經濟學獎得主寇斯（Ronald Harry Coase, 1910~2013），據說他的住所連電話都沒裝呢！巧的是，寇斯也是英國人，一九五一年才移居美國。這一位現代隱士的「寇斯定理」（Coase Theorem）被全球知名的華裔產權名家張五常教授認爲「改變了下一代的民生」，但寇斯本人卻認爲了解其本意者並不多。這到底是怎麼一回事？如今寇斯已「蓋棺」，卻尚未完全「論定」，很有必要引介寇斯的一生及其理念，尤其當今各國政府大力干預、管制經濟、官民對立、族群相煎，更讓人懷念寇斯，也很有必要再深思「寇斯定理」及寇斯抗拒（resist）「黑板經濟學」（Blackboard Economics）的啟示。

究竟這位一直以來自居是「意外的經濟學家」（an accidental economist）的寇斯，是如何走進經濟殿堂，又是如何功成名就的呢？

一、平凡家庭出生的身障者

一九一〇年十二月十九日下午三時二十五分，羅納德．寇斯（Ronald Harry Coase, 1910~2013）在英格蘭倫敦近郊米德塞克斯（Middlesex）郡的威爾斯登（Willsden）出生。英國名作家、二十世紀現代主義與女性主義先鋒吳爾芙（Virginia Woolf, 1882~1941）曾說：「一九一〇年十二月左右，人類的性格有了改變」，從而導致「宗教、行爲、政治與文學上的變化」。也就是說，一九一〇年十二月左右這個日期標示了人事的轉折點，而在這個日期出生的寇斯，也順其自然的、註定了在經濟學的研究方法上，和其前輩學者不盡相同。

寇斯是家中的獨子，其父親在郵局擔任電報員，母親婚前也在同一地方任職。雙親雖然都在十二歲之後就輟學，但卻極有教養，只是對於學術工作一無所悉，而且也不感興趣，這也使得寇斯在成長過程中，對學者的生涯感到懵懂。雖然他的志趣一直都在學術研究方面，但無人予以指導閱讀，以致無從分辨嚴謹的學者與浮誇的術士。儘管如此，寇斯還是經由其父母親在兩件事上獲益良多。一是其父母雖不能和他共享志趣，卻一直支持他去做自己想做的事。二是他的母親教導他要誠實與眞誠。

芝加哥學派的開山祖師奈特（Frank Knight, 1885~1972）曾說：「科學的基本原則——眞實或客觀——本質上就是道德的原則。」寇斯全心遵奉母親的教誨，這對他的工作意義重大。寇斯一貫的目標是要理解經濟體系的運作，要掌握眞理，而非一味地支持特定的立場。在批判別人時，寇斯總是試著了解對方的立場，以免產生誤解。對於不勞而獲的成果，寇斯向來沒有興趣。

幼年時，寇斯因爲腳疾必須穿鐵鞋行走，因而上的是身障學校。學校的主管單位同時管理另一所供心智障礙者就讀的學校，寇斯懷疑這兩所學校間有些課程是互通的。寇斯對學校所教的東西沒啥記憶，只記得有一陣子學過編籃子，但他對這門有用的技能卻學藝不精，自己覺得可惜。

二、陰錯陽差選讀商科

威爾斯登當地的小孩通常在十一歲時參加中學入學考試，寇斯可能因爲就讀身障學校而錯過入學考試。不過，在父母親的爭取之下，寇斯得以在十二歲那年參加考試，並獲得基爾本中學（Kilburn Grammar School）的獎學金。該校的師資優秀，寇斯在正規課程上接受了扎實的教育。

一九二七年，寇斯通過大學先期入學考試，他在歷史和化學兩科的成績優異。寇斯又在中學待了兩年，爲倫敦大學的四級考試做好準備。該兩年的課程相當於大學一年級所修習的科目，所以寇斯必須決定主修的科系。他在當時的第一志願是歷史，但後來發覺要取得這方面的學位，必須通曉拉丁文，而因他晚了一年上中學，同年紀的同學已念了一年的拉丁文，所以他被分發到科學組。也因此，寇斯只好轉到另一個表現優異的科目，主修化學。不過，寇斯發現自己不喜歡數學，而數學又是所有科學學位的基礎，於是他只好再度變更主修的科目爲商學，因爲這是當時基爾本中學剩下的唯一選擇。

寇斯回憶說，他之所以討厭數學，是因爲當時只學了數學公式和運算過程，並不了解其中的意義。他說如果能早一點讀到湯普遜（Silvanus Thompson, 1851~1916）的《輕輕鬆鬆學微積分》（*Calculus Made Easy*）——這本書對各項運算意義有清楚的解說——或是中學的數學課程採取同樣的教法，那麼他就很可能會繼續攻讀科學的學位。不過，寇斯也慶幸還好並非如此，否則他可能只是一個平庸的數學家，而絕對不能成爲一流的科學家。

寇斯開始準備倫敦大學（University of London）商學士的中級考試，由於基爾本中學不教會計學，他必須透過函授自修該科目。雖然寇斯對這些商學科目只具備粗淺的知識，還是通過了考試。到一九二九年十八歲時，寇斯就前往倫敦經濟學院（London School of Economics，簡稱LSE）繼續商學士的課程。一九三〇年，寇斯通過最終考試的第一部分。關於第二部分的課程，他決定選修產業組，這是被稱爲培養工廠經理人的課程。寇斯就在對這些都不了解的情況下，做了改變他一生命運的重要決定。

三、就讀倫敦經濟學院

寇斯的心靈導師（mentor）普蘭特（Arnold Plant, 1898~1978），在一九三〇年受聘爲倫敦經濟學院商學教授，特別是在企業管理方面承擔大任。在這之前，普蘭特曾在南非的開普敦大學（University of Cape Town）擔任類似職務。寇斯選修產業組的那一年，普蘭特接掌了這一組。一九三一年，在產業組課程結束前五個月左右，寇斯參加了普蘭特主持的研討課程，獲得了莫大的啟示。普蘭特引導寇斯認識亞當・史密斯（Adam Smith, 1723~1790）的「看不見的手」（invisible hand）。雖然寇斯在倫敦經濟學院上過的一些科目和經濟學有關，但他從未修過經濟學，在普蘭特的教誨下，寇斯了解了生產者會相互競爭，結果提供給消費者最需要的產品。普蘭特進一步說明，整個經濟體系是透過價格體系的運作來協調。當時的寇斯信仰的是社會主義，對於普蘭特教授的這些觀念感到新奇。

一九三一年，寇斯通過商學士學位最終考試的第二部分。由於他是在基爾本中學修習大學一年級的課程，而倫敦經濟學院規定必須在該校待上三年才能授予學位，因此寇斯必須決定第三年需修習的科目。在之前的第二部分課程中，寇斯最感興趣的是產業法，因此他曾想利用那一年專攻產業法。假如寇斯眞的那樣做，那他無疑地會往律師一途發展。還好的是，應該是在普蘭特的運作下，寇斯獲得了倫敦大學一九三一到一九三二年的卡塞爾爵士遊學獎學金（Sir Ernest Cassel Traveling Scholarship）。那一年寇斯必須在普蘭特指導下工作，該段期間也被倫敦經濟學院認可爲在校修習。至此，寇斯就如過河卒子般，往成爲經濟學者的路勇往直前，他認爲這是冥冥之中一切似有定數的安排，非人力所能左右，讓他從成爲編籃工人、歷史學者、化學家、工廠經理人或律師擦身而過。

修完商學士的課程後，寇斯對會計學、統計學以及法律已有一些了解。雖然他在倫敦經濟學院未曾正式選讀經濟學課程，但寇斯對經濟學還是有了一些認識。他參與普蘭特的研討會課程頗有收穫，而且也和同樣選修產業的朋友佛勒（Ronald Fowler, 1910~1997）一起討論經濟問題。當時的倫敦經濟學院規模不大，寇斯認識了一批專攻經濟學的同學，彼此相互討論，寇斯特別指出維拉．史密斯（Vera Smith），也就是後來的維拉・盧茲（Vera Lutz, 1912~1976）、勒納（Abba Levner, 1903~1982）、艾得堡（Victor Edelberg）等人。寇斯回憶說，像他這樣未曾受過正式訓練而踏入經濟學的世界，事後證明反而占了便宜，由於未經制式的思考訓練，讓寇斯在處理經濟問題時，有了更大的自由度。

四、初次赴美遊學一年

寇斯打算用卡塞爾獎學金前往美國，研究產業的垂直與水平組合。普蘭特雖然曾在他的課程中討論產業界種種不同的組織，但它們卻缺乏一套理論來解釋為什麼會有那些差異存在，於是寇斯決定去發掘潛藏其中的理論。在寇斯的腦海中，還有兩個問題和這項主要研究計畫有關。普蘭特在課堂上談到經濟體系是靠價格體系來協調運作，他也同時批評政府產業合理化的計畫，特別是協調各種不同運輸工具的計畫。不過，普蘭特在企業管理的課堂上又提到，管理是在協調廠商內部的生產因素。這兩種歧異的觀點該如何調和呢？寇斯質疑說，假如所有必要的協調都已由市場提供，為何還需要管理？此外，寇斯還有一個本質相同的疑惑，那就是蘇聯在一九一七年發生革命，但我們對共產體系如何運作卻所知有限。其實，蘇聯的第一個五年計畫，是到一九二八年才施行的，列寧這樣說過：「在共產主義下，整個經濟體系將會以類似一個大型工廠的方式來運作。」雖然有些西方的經濟學者認爲不可能，不過，在西方世界卻有不少大工廠，那爲什麼蘇聯的經濟就不能像一個大型工廠來運作呢？

寇斯帶著這些疑問來到美國，他拜訪了社會主義領導人士湯瑪斯（Norman Thomas, 1884~1968）和福特（Ford）汽車、通用汽車（General Motors），並且訪問了一些大學，還到芝加哥大學經濟學系旁聽奈特（Frank Hyneman Knight, 1885~1972）這位芝加哥學派掌門人的課。寇斯的主要任務是爲了其研究專業而訪問企業以及工廠，他和每位他拜會的人士交換意見，閱讀有關的產業期刊以及美國聯邦貿易委員會（Federal Trade Commission）的報告。遊學美國一年結束之際，寇斯對於產業組織的許多問題，仍然只有一知半解的感覺，但他相信部分疑問已找到了解答。

寇斯覺得，經濟學家談到經濟體系的運作時，總認爲是經由價格機制（或市場）來協調，卻忽略了市場運作仍有其成本的事實。由此觀點來看，對市場以外的各種協調機能，不能一概以無效率視之，應該要取決於其成本和使用市場成本的比較。寇斯清楚知道，以這樣的方式看問題，可能會影響對中央集權式計畫所採取的觀點，不過，我們卻可藉以了解，何以生產因素的使用，有時是由廠商透過管理來協調，有時則是透過市場協調，這也正是寇斯甚感興趣的課題。一筆交易會在廠商內部完成，還是透過市場來運作，應該要比較兩者的成本高低來決定，這其實是非常簡單淺顯的道理，事實上業者也都這樣做，但寇斯卻花了一年的時間才搞清楚。即使到今天，或許仍有不少經濟學者還不了解這個道理及其重要性。

寇斯認爲，他在倫敦經濟學院修習商學士的最後一年，碰巧能遇到普蘭特來經濟學院執教的第一年，實在是非常幸運的一件事。而能在次一年榮獲卡塞爾遊學獎學金到美國一年，又是另一樁幸運的事，但接下來還有更特殊的際遇。

一九三二年，寇斯由美國遊學結束返回英國，進入就業市場。那一年正是全球經濟大恐慌以來最差的一年，倫敦經濟學院的畢業生找不到工作者比比皆是，但寇斯卻無此困擾。

故事是這樣的：一九三一年，黃麻工業界鉅子波那（George Bonar）捐助經費，在貝弗里奇（William Beveridge, 1879~1962）爵士和其他倫敦經濟學院人士的建議下，在丹迪（Dundee）成立了一所經濟與商業學校，主要目的是訓練有志投入企業界的學生。高階人員在一九三一年時已經聘任就位，較低階人員則在一九三二年才決定，該年正是寇斯由美返英、畢業找工作的那一年。雖然寇斯的經歷並不出色，但因爲他主修企業管理，對該職位可能比大多數經濟學研究所的畢業生更合適，於是寇斯在一九三二年十月受聘爲丹迪經濟暨商業專校的助理講師。寇斯回憶說，要不是該校在一九三一年成立，他還眞不知道自己要做些什麼，結果是各項發展都配合得恰恰好，而他也就按部就班地逐漸演化成經濟學者。

五、初試啼聲，鋒芒畢露——英倫教學生涯

寇斯教授的三門課都從一九三二年十月分開始，他是如何做到的自己都很難想像，倒是另一位助理講師布雷克（Duncan Black, 1908~1991）曾形容說，寇斯來到丹迪的時候，整個腦袋裝的都是有關廠商的概念。寇斯開的一門課是「企業組織」，他在寫給好友佛勒的信中，描述了他在第一堂課所講的內容。這些授課素材成爲後來〈廠商的本質〉（The Nature of the Firm）這篇文章的主要論點，這篇文章是寇斯榮獲一九九一年諾貝爾經濟學獎的兩篇主要論文之一。他在一九三二年根本沒想到這些觀念以後會受到那麼大的重視。寇斯非常喜歡「企業組織」這門課，所以他在給佛勒的信中描述了授課內容後，接著表達了他個人很大的滿足感。他是這樣寫的：「（我想）對這門課來說，我採用的是全新的教法，所以我覺得極爲滿意。有一點我感到很自豪，這些全是我一個人構想出來的。」這就像寇斯在一九九一年諾貝爾獎的得獎演

說上所說的：「當年我只有二十一歲，陽光從未停止照耀。」

在丹迪任教期間，寇斯開始閱讀經濟學的文獻，包括亞當・史密斯（Adam Smith, 1723~1790）、巴貝基（Charles Babbage, 1791~1871）、傑逢斯（W. S. Jevons, 1835~1882）、魏克斯提（Philip H. Wickstead, 1844~1927）、奈特等人的著作。布雷克在《社會科學國際百科全書》（*The International Encyclopedia of the Social Sciences*）中撰寫寇斯生平介紹，形容寇斯在這段初出道的時期，態度是「堅定得令人驚訝」。布雷克寫道：「他心目中的經濟學，不但要能處理眞實世界的問題，而且手法還要精確。大部分的經濟學者如果能夠達到這兩項目標中的一項，就感到非常滿意了。持平來說，我發現寇斯在經濟學研究上的突出之處，就是同時達到了這兩項目標。」寇斯回應說，不管他是否眞的成功，布雷克確實說中了他在經濟學研究中一貫的目標。寇斯把這一切歸諸於他並非一開始就主修經濟學，而是先接受商科教育，因此他在開始展開經濟學研究時，是寄望以此來了解眞實世界發生的事情。不過，寇斯並未自外於經濟學的世界。

一九三三年，張伯霖（Edward H. Chamberlin, 1899~1967）的《壟斷性競爭理論》（*Theory of Monopolistic Competition*）和羅賓遜夫人（Joan Violet Robinson,

1903~1983）的《不完全競爭經濟學》（*Economics of Imperfect Competition*）兩本名著相繼出版，在經濟學界激起相當大的波濤，寇斯和其他人一樣捲入其中。當時仍在丹迪的寇斯寫了一篇論文，採用羅賓遜夫人的分析法來檢驗張伯霖所討論的問題，文章於一九三五年發表。不過，較能展現寇斯一般態度的，應是那個時候他對「預期」所做的研究。

對預期和資本成本的研究

寇斯在丹迪任教期間，放假時會到倫敦經濟學院去，大部分的時間都是跟佛勒討論一些經濟學的問題，當時的佛勒是倫敦經濟學院的助理講師。他倆對一個問題非常感興趣，那就是許多經濟學家相信，生產者在決定生產時，是假定目前的價格與成本在未來會維持在同樣的水準。有人提出證明，假如生產者是按照這種方式來運作，將會導致價格與產量的波動，這就是卡爾多（Nicholas Kaldor, 1908~1986）提出的「蛛網理論」（cobweb theorem or model）。一般認爲蛛網理論的典型例子，是英國養豬產業的循環週期。寇斯和佛勒做了一項統計研究調查，結果一如他倆所猜想的，英國的養豬業並沒有假設目前的價格會在未來維持不變。當價格高得異常時，豬農預期價格會下跌，而當價格低得離譜時，豬農則預期未來價格會上揚。在寇斯的通信紀錄中，他曾想過運用在那次研究中所發展的技巧，來探究生產者是如何形成在其他方面的預期，而佛勒也有類似的想法。當年寇斯深感興趣的，只是要具體測量經濟學者通常僅以理論方法來處理的概念，寇斯之所以會有這種做法，是深受芝加哥大學舒茲（Henry Schultz, 1893~1938）教授所導出的統計需求表的影響。

在預期的研究之外，當時的寇斯也開始展開對「資本成本」的調查研究，探討廠商的規模和業別對成本高低的影響，但這些研究都沒有完成。不過，佛勒卻完成一項有關鋼鐵生產的研究，主題是「廢鐵與銑鐵之間的替代性」，發表於一九三七年出版的《經濟學季刊》（*Quarterly Journal of Economics*）。

寇斯當時也期望自己未來能投入到類似的數量調查研究，但該期望並未能實現，原因很簡單清楚，他在一九三四年受聘爲利物浦大學（University of Liverpool）的助理講師，教授銀行學和財政學，而這兩門課都是寇斯幾乎未曾接觸過的學科。更重要的是，一九三五年時，倫敦經濟學院聘寇斯爲經濟學的助理講師，主要的工作有三：一是教獨占或壟斷理論，是接替轉到劍橋大學的希克斯（John R. Hicks, 1904~1985，一九七二年諾貝爾經濟學獎得主之一）；二是協助企管系的普蘭特教授；三是擔任公用事業經濟學的課程，這是接替已到南非的巴特森（Batson）。關於獨占理論的課程，對寇斯來說並非難事，已經有羅賓遜夫人的書，而且寇斯也寫了有關雙頭壟斷（duopoly）理論的文章。一九三七年，寇斯發表了一篇名爲〈有關獨占理論的幾點注解〉（Notes on the Theory of Monopoly）的文章，其中有些觀念就是來自這門課。至於寇斯在企管系的工作則相對乏善可陳，他只準備了一些類似哈佛商學院的個案資料，並協助教學。

此時專攻會計學的羅納德·愛德華滋（Ronald Edwards）也加入了企管系的師資陣營，寇斯、佛勒以及愛德華滋三人就一起處理會計研究協會（Accounting Research Association）的會務。他們曾深入探究公開的會計報表數字，看看可供經濟研究之用的程度究竟如何。他們發現，只要那些數字的計算基礎已被使用者充分了解，便可以作爲經濟研究之用。他們引用那些資料出版了一本有關英國鋼鐵工業的研究報告，資料來自廠商公布的資產負債表。寇斯也曾在《會計師》（*The Accountant*）期刊上發表一系列有關成本會計的文章，那些文章曾被多次複印並被引用。寇斯認爲主要原因是，在一九三〇年代，那是當時唯一有系統地介紹機會成本概念的文字，而那也是他在倫敦經濟學院授課的內容。

探究公用事業

寇斯自己個人的主要研究，就是和他所教授的公用事業課程有關，他也很快地發現，當時英國對公用事業的了解幾近於零。有鑒於此，寇斯乃對自來水、瓦斯、電力等產業，尤其是郵政與廣播事業進行了一系列的歷史研究。此外，在今日看來更值得一提的是，寇斯於一九三四年還在丹迪時，撰寫了〈廠商的本質〉（The Naturel of the Firm）一文的草稿，將他一九三二年的授課內容做有系統的陳述。當寇斯到倫敦經濟學院後，就把該篇稿子做了一番修改，投稿到《經濟學刊》（*Economica*），並在一九三七年刊登出來。該篇文章當時並未引起注意，寇斯說他記得，該期期刊出版的那一天，在午餐的路上，有兩位商學科系的教授向他說恭喜，但後來就都沒有再提起該文，而系主任羅賓斯（Lionel Robbins, 1898~1984）也從來都沒提到。很顯然地，該篇重要的文章並不是馬上就獲得成功。

以上所提的寇斯的工作和研究，都是一九三二到一九三九年二次大戰前的階段，英國在一九三九年九月向德國宣戰，大戰爆發。一九四〇年，寇斯被任命爲林業委員會（Forestry Commission）統計處處長，該委員會負責當時英國的木材生產事宜。

一九四一年，寇斯再轉到隸屬戰時內閣辦公室（Offices of the War Cabinet）的中央統計辦公室（Central Statistical Office），負責軍需物資的統計工作，包括槍枝、坦克及彈藥等項目。直到一九四六年時，寇斯才返回倫敦經濟學院。這段六年的公職生涯，寇斯認爲對他成爲經濟學者的演化過程並沒有產生任何作用，若勉強說有的話，他覺得恐怕是讓他更堅定對經濟學的偏好。

當寇斯回到倫敦經濟學院時，他負責的課目變成經濟學原理，是對主流經濟學說做傳統性的解說。一九四六年，寇斯發表了〈相互關聯成本和需求下獨占廠商的定價〉（Monopoly Pricing with Interrelated Costs and Demands），這是一篇他自認可以顯示出其對經濟政策的研究方法和當代大多數經濟學者不同之處的文章。

批判邊際成本定價

在二戰即將結束之際，英國的戰時內閣辦公室經濟組的經濟學者，開始思考英國在戰後可能會面臨的問題。當時在經濟組任職的米德（James Edward Meade, 1907~1995，一九七七年諾貝爾經濟學獎得主之一）和佛萊明（John Fleming）合寫了一篇關於公營企業定價政策論文，主張「邊際成本定價」，凱因斯（J. M. Keynes,

1883~1946）當時擔任財政部顧問，看到該文大表讚賞，就將它轉載到他主編的《經濟期刊》（*Economic Journal*）上。寇斯和經濟組的同事威爾遜（Tom Wilson）卻不認同該文的論點，寇斯於是在《經濟期刊》發表了一篇評論短文，戰後再寫了一篇〈邊際成本論戰〉（The Marginal Cost Controversy, 1946）。其實，在米德和佛萊明兩人寫的文章之前，寇斯就已經對贊同邊際成本定價的論點有些認識，而勒納也曾在倫敦經濟學院極力鼓吹邊際成本定價的觀念，並做了深入解說。寇斯就是經由勒納的觀點進行思考，卻形成了對邊際成本定價的不同看法。

寇斯的一貫主張是，如果把邊際成本定價法當作一般性的政策，將會帶來浪費無度，也同時會造成所得重分配的效果，而且又可能會產生租稅效果，在其他地方誘發原先不存在的價格與邊際成本間的差距。威爾遜就指出，這樣的政策將會導致國營企業取代民營業者，而且會以集中營運取代分散營運。事實上，由於經濟學者只致力於正確的邊際調控，完全忽略了他們的政策可能產生的副作用，而邊際成本定價法是學院派經濟學者的主流看法，也是教科書中的標準寫法。不過，寇斯認爲這些人根本就是言不及義。他就將他們處理問題的方式稱爲「黑板經濟學」（Blackboard Economics），因爲他們所談論的情況只會產生在教室的黑板上。寇斯在當時已晉升爲倫敦經濟學院經濟學高級講師，主要教授公用事業，他的主要研究範疇，是繼續對英國公用事業進行歷史研究。一九五〇年，寇斯出版了《英國的廣播：獨占事業的研究》（*British Broadcasting: A Study in Monopoly*）這本書，批評英國廣播公司（BBC）的壟斷獨占地位，這應是他日後在美國批評「聯邦通信傳播委員會」（FCC）那篇重要論文的先聲，但在當時並未受到重視。

六、移民美國的歲月

寇斯在一九五一年移民到美國，原因有二：一是他對「社會主義化」的英國之未來缺乏信心；二是寇斯喜歡美國的生活，他曾在一九四八年在美國待了一段期間，研究商業廣播系統的運作，並對美國經濟學者十分仰慕。在老一輩的經濟學者中，寇斯最尊敬的是奈特，在同輩學者中，他最尊崇的是史蒂格勒（George Stigler, 1911~1991，一九八二年諾貝爾經濟學獎得主），而舒茲對他也有影響力。

移民美國後，寇斯最先是到水牛城大學（The State University of New York at Buffalo）執教，是由該校公用事業專家桑勒（John Sumner）引薦的，因爲桑勒曾在二戰前造訪倫敦經濟學院而與寇斯熟識。寇斯在水牛城大學是以研究公用事業爲主，度過了其學術生涯中相對沉寂的七年，不過，於今看來，對公用事業的研究，或許讓寇斯對於制度如何決定經濟結果的方式，發展出更爲透澈的思考。一九五八年，寇斯轉往維吉尼亞大學（The University of Virginia）任教。據說當時校方當局對於寇斯和幾位對二戰後的經濟學發展發揮相當深遠影響的同事，如瓦倫．努特（Warren Nutter, 1923~1979）、布坎南（James Buchanan, 1919~2013）和都洛克（Gordon Tullock, 1922~2014）的研究方向和研究成果並不滿意，沒想到寇斯和布坎南日後分別在一九九一年和一九八六年獲得諾貝爾經濟學獎。一九六四年，寇斯獲聘爲芝加哥大學教授，轉往風城度過其一生中最輝煌的後半生歲月。

剛到美國時，寇斯基於自己曾接觸過英國、加拿大，以及美國的廣播事業，於是決定對廣播事業的政治經濟體系做深入研究。基本上，寇斯其實是持續他在倫敦經濟學院的研究，他也收集了相當多的相關資料。一九五八年到一九五九年的一整年，寇斯都在史丹佛大學的行爲科學高級研究中心（Center for Advanced Study in the Behavioral Sciences at Stanford）度過，他在那一年寫了名爲〈聯邦通信傳播委員會〉（The Federal Communications Commission, FCC）的文章，這篇刊於《法律與經濟學期刊》（*Journal of Law and Economics*）一九五九年十月出版的論文，產生了相當深遠的影響。

財產權制度

在該篇文章中，寇斯探討了聯邦通信傳播委員會對於分配無線電頻率波段的作業，他建議應該銷售頻率的使用權。這種透過價格法來配置資源的方式，對經濟學家來說，絕非什麼新鮮的課題，事實上，這種做法已經由賀賽爾（Leo Herzel, 1923~2011）建議用在無線電頻率波段的配置上。不過，寇斯的文章比較特別的是，還額外探討了這種權利的性質。無線電頻率波段使用上的主要問題，是相同或臨近頻率所傳送訊號之間的干擾。寇斯主張，假如賦予使用權清楚的定義，同時使用權可以轉移，那麼原始的權利就無關緊要了，這是因爲透過轉移及結合將可達到最適的結果。因此，寇斯就寫下：「（使產值最大化的）最終結果，與法律（地位）無關。」在寇斯看來非常簡單而淺顯的這個主張，沒想到受到當時與他接觸的芝加哥大學（簡稱芝大）經濟學者的質疑。這些芝大經濟學者甚至認爲寇斯應該刪除這段文字。不過，寇斯還是堅持自己的觀點，後來在文章發表之後，於《法律與經濟學期刊》主編艾隆．達瑞克特（Aaron Director, 1901~2004）家中舉行的聚會中，寇斯說服了芝大經濟學者，讓他們接受他的正確觀點，而這些經濟學者請他再把想法清楚地寫出來，發表在《法律與經濟學期刊》上。

寇斯由芝加哥回維吉尼亞的途中就已構思好，他是以滿腔的熱情來進行這項任務。當時的《法律與經濟學期刊》在達瑞克特主編下，獲得極高評價，寇斯也是敬佩有加，它所刊載的論文探討了企業的實際運作、不同財產權制度的效果和管制系統的運作。寇斯說他曾經想過，假如經濟學、特別是產業組織這部分想要進一步發展，應該加強刊登這方面的論文，但當時這種論文很難被正統的經濟學術期刊接受，寇斯舉他那篇有關聯邦通信傳播委員會的文章作爲例證。

寇斯想超越〈聯邦通訊傳播委員會〉這篇文章的內容，用更一般化的方法來處理財產權制度（property right systems）的原理。在〈聯邦通信傳播委員會〉一文中，寇斯討論了史特基斯與布立基曼（Sturges V. Bridgman）的案例，他希望能再深入檢討其他比較麻煩的個案。寇斯在倫敦經濟學院求學時，對法律個案曾涉獵過，同時，他自學生時代以來，長期都一直有這樣一種想法：「雖然庇古（Arthur Cecil Pigou, 1877~1959）的《福利經濟學》（*The Economics of Welfare*, 1920）一書就其所探討的問題是偉大著作，但他的經濟分析並不是相當扎實。」寇斯在〈聯邦通訊傳播委員會〉一文中，曾兩度提到庇古的著作，但並未深入討論其論點，因爲該篇論文是專注在無線電波段頻率使用的配置問題上。不過，在和芝加哥大學經濟菁英討論之後，寇斯認清了庇古的分析方法在經濟學領域的強勢影響，所以寇斯就著手直接探討庇古的分析方法。同時，寇斯也希望討論「交易成本大於零」對於分析的影響，這個問題在〈聯邦通訊傳播委員會〉一文中，只在附注中提到。寇斯就將這些目標或主題結合起來，寫成了〈社會成本的問題〉（The Problem of Social Cost）這篇驚天動地的論文。

該文一發表立即引起各界的注意，各種贊成或反對的文章紛紛出籠，使該文成爲經濟學文獻上最廣受討論的文章之一。該文含括了寇斯曾長期思索、但一直未執筆寫出的觀念。寇斯清楚明白地表示：「說也湊巧，要不是那些芝加哥的經濟學者對〈聯邦通訊傳播委員會〉的章節提出反對意見，恐怕我也不會寫〈社會成本的問題〉，而其中的觀念也將繼續潛藏在我的腦海深處。」不過，這眞的是湊巧嗎？還是老天早就安排好了呢？

交易成本大於零

寇斯的這一篇驚世大作，是一九六〇年夏天提筆撰寫的，地點不是在美國，而是在他最初接觸法律報告的倫敦經濟學院。在該文中，寇斯指出，庇古在看待所謂的「外部性」（externality）問題時犯了錯誤。他認爲，基本上那是一個「相互的」

問題，但庇古沒有看出這一點（在分析中沒有納入），使庇古（以及追隨他的經濟專家）無法發展出一套適切的分析法。在交易成本爲零（這是庇古的分析中隱含的假設）的情況下，庇古的政策建議根本沒有必要，因爲在這樣的情況下，透過雙方協商就可達到最適化的結果。可是，交易成本是不可能等於零的，如果要探討眞實世界之情況，就必須以「交易成本大於零」作爲前提。假如要這樣做的話，除非我們清楚了解交易成本以及個案的實際情況，否則就無從主張什麼政策建議才最爲恰當，而這些相關資料，只有透過實證研究才能取得。値得一提的是，寇斯所說的實證研究，與當前普遍流行應用的計量實證研究有很大差別。

所以，寇斯在〈社會成本的問題〉一文中，只是提出一種研究方法，而不是提供答案。正如寇斯在該文中所寫的：「唯有從實務方面來仔細研究市場、廠商及政府如何來處理不利效果的問題，才能對政策有較令人滿意的看法……我深信經濟學者以及政策制定者通常都會高估政府管制可能帶來的利益。縱然我這項看法獲得證實，也只不過是顯示應該進一步節制政府的管制，還是無法指出界限應該畫在何處。我總認爲，我們應該對以不同方法來處理問題所產生的實際結果做仔細的探索，才能知道界限所在。」

當〈社會成本的問題〉一文發表一、兩年後，寇斯接到了芝加哥大學的聘書，自一九六四年起，他就長期任教於芝加哥大學法律學院。寇斯之所以答應前往芝加哥大學，有部分原因是他要負責《法律與經濟學期刊》的編輯工作，而寇斯對這個期刊及其刊載的論文非常欣賞，也希望能夠接續該刊的編務，因而欣然來到芝加哥大學任職。

寇斯非常喜歡這項編輯工作，憑藉著芝加哥大學法律學院在法律與經濟學研究計畫的資源，再加上提供在期刊上刊登稿件的機會，寇斯得以鼓勵經濟學者和法律學者進行〈社會成本的問題〉中所倡導的實證研究。在寇斯的努力下，許多傑出的論文相繼刊出，寇斯認爲每篇文章都值得重視，寇斯表示這讓他度過一段非常快樂的時光。在一九七〇和一九八〇年代，類似性質的論文也開始出現在其他學術期刊上，其中許多都引用了〈廠商的本質〉以及〈社會成本的問題〉這兩篇著作。寇斯覺得那個時候正是他把自己有關生產的制度性結構之論著結集出版的時機，所以，他在一九八八年出版了《廠商、市場與法律》（*The Firm, the Market and the Law*）這本書，將他在這方面的主要論文重新付印，也包括一篇介紹他自己個人中心思想的專文。

另一件影響寇斯個人思想演化的事件發生在一九八七年，當時威廉森（Oliver

Williamson，二〇〇九年諾貝爾經濟學獎得主之一）和溫特斯（Sidney Winters）在耶魯大學舉辦了一場研討會，慶祝〈廠商的本質〉一文發表五十週年。寇斯認爲該次盛會是他一生參加過的研討會中最好的一場。八個非常傑出的經濟學者所發表的論文，並不是對〈廠商的本質〉這篇文章給予褒貶，而是針對該文所提出的議題做深入檢討，並對文章的內容加以引申與更正（如果他們發現其中有錯誤時）。在該次會議中，寇斯共發表了三次演講，分別闡述〈廠商的本質〉這篇文章的起源、意義及影響。

溫故知新

寇斯表示，參加研討會和準備演講稿，對他個人思想產生了相當大的影響。撰寫〈社會成本的問題〉這篇巨著，以及一九六〇年代和張五常教授所做的後續討論，讓他了解到交易成本對經濟運作的廣泛影響，但寇斯覺得他還未曾有系統地評估該問題。威廉森在他的論文中，提到〈廠商的本質〉一文中的理論甚少在實際上應用，主因在於該文並非是「操作性」（operational）的，寇斯同意威廉森的批評。寇斯認爲威廉森的看法是，交易成本的概念並沒有納入一套一般性理論之中，以供人們透過實證研究來驗證或發展。不過，寇斯認爲這其實不是一件容易的事。

寇斯表示，一般的經濟理論都假設交易成本爲零，如果在裡頭加入交易成本的考量，將會造成結構全面改變。即使將範圍局限在〈廠商的本質〉中的理論，還是會發現，要做到具有操作性，仍有難以克服的障礙。爲了生產特定的產出結果，必須協調各種生產因素，而這個協調工作是要由廠商內部的行政程序來完成，或是由市場的價格機能來做，乃是取決於兩種協調方式的相對成本，而究竟有沒有利潤，就要看絕對數字而定。不過，決定這些絕對和相對成本的因素是什麼？要找出這些因素很不簡單，而更困難的問題還在後頭。畢竟我們的分析工作不能只局限於單一廠商，而一個廠商的協調成本以及所面對的交易成本，受限於其採購投入要素的能力；供應這些要素的廠商，他們的供應能力很大部分是取決於其本身的協調成本，以及其所面對的交易成本之大小。同樣的，他們的供應廠商也會受到類似影響。所以，我們要處理的是一個相互關聯的複雜結構。

耶魯大學的研討會重新燃起寇斯對〈廠商的本質〉所提出的各項議題的興趣，他當時下了決心，一旦手頭上已承諾的事項告一段落，就要全心投入，期盼能針對影響生產的制度性結構因素，協助找出一套分析的理論。當時，寇斯在研究路上已不再孤獨，由研討會上所發表的論文可以顯示，許多重要的工作已在進行，以求理論的釐清和改良。同時，許多高水準的實證研究也在進行中，將可提供數據資料，供未來進一步研究之需。有關的學者已開始關注需要解釋說明的事項，雖然要達到目標需要許多經濟學者多年的投入，但寇斯深信，他們必定能爲生產的制度性結構建立完整的理論。儘管寇斯自知在這條路上顯然無法全程參與，但他在參與耶魯大學研討會的時候已下定決心，將窮盡自己餘生之力從事該項工作。由威廉森、狄佛勒（Jean Tirole）、哈特和荷姆斯壯（Oliver Hart, Bengt Holmstrom）這些廠商理論研究者相繼在二〇〇九年、二〇一四年、二〇一六年獲頒諾貝爾經濟學獎看來，寇斯的期待已有很好的實績出現，這是他在世時已呈現出來的，想必他頗爲欣慰！

一九九一年榮獲諾貝爾經濟學獎

一九九一年十月，瑞典諾貝爾獎委員會宣布寇斯獨得該年諾貝爾經濟學獎，這時寇斯已退休，是芝加哥大學的名譽退休教授。讓寇斯獲獎的兩篇主要文章，分別是五十多年前發表的〈廠商的本質〉和三十多年前發表的〈社會成本的問題〉。第一篇在當年發表時備受冷落，第二篇的重要性則在發表當時就引發各方論爭，但兩者可說都未曾立即獲得經濟學界的贊同。寇斯說，如果這兩篇文章的重要性已經得到一致性的肯定（他自己不敢確定是否真的如此），那也應該是他得到諾貝爾獎以後的事。

威林（Lars Werin）在斯德哥爾摩的諾貝爾獎頒獎典禮上，代表瑞典皇家科學院介紹寇斯時，提到寇斯在一九三七年發表〈廠商的本質〉，之後又提到寇斯「在（寇斯的）理論建構上，逐漸添加磚塊，而終於在一九六〇年代的初期，樹立起解答所有問題的基本原理」，也就是能解答經濟體系中制度性結構的所有問題的原理。寇斯認爲威林談到的最後成果是相當正確的，但說寇斯是從一個比較簡單的理論開始，然後逐步有計畫地添加磚塊，一直累積到建立制度性結構理論所需的資料均已齊備才告罷手，那實在是誤解了寇斯個人思想發展的過程，因爲寇斯未曾預設目標。

原創性的源頭

寇斯同意「原創性的觀念通常來自初入行的年輕人」這種一般性說法，因爲他就是這樣。一九三二年，寇斯是在丹迪專校的一次演講時，將交易成本的觀念導入經濟分析中，當時的他僅二十一歲，若說經濟學是寇斯的領域，那他當時不過是初入行而已。寇斯表示，他實在很難了解，爲何把交易成本納入經濟分析中會算是「原創性」

的構想。寇斯覺得他初次到美國時所帶著的疑惑，其實是任何人都不難發現，而他所提出的解決方案，也相當簡明。

寇斯認爲其他經濟學者之所以未能將交易成本納入分析，並不是他們不夠聰明，而是因爲他們在研究過程中，從未考慮經濟的制度性結構問題，因此也就不會碰觸到令他感到疑惑之處。爲什麼會這樣呢？寇斯套用鄧塞茲（H. Demsetz）的解釋，係因從亞當．史密斯提出經濟體系可透過價格機能予以協調的看法之後，自史密斯以降的經濟學者，都以將這套理論規格化爲主要任務，由此導出了把經濟體系的運作視爲極端分散的理論。寇斯認同這是人類智識發展上的崇高成就，具有其恆久的價值，但以經濟學而論，其視野卻失之偏頗，以致忽略了經濟體系中一些非常重要的性質。這些背景說明，或許多多少少可以解釋何以〈廠商的本質〉在發表之後，並沒有引起什麼注意。

爲什麼〈社會成本的問題〉能在很短時間內就吸引各方的注意？上文已詳細說明寇斯撰寫該篇文章的特殊背景，就在此氛圍下，該文一發表，就立刻受到芝加哥大學一群有影響力的經濟學者全力奧援，寇斯特別點名史蒂格勒。寇斯該文的論點是：在交易成本爲零的環境下，資源配置與法律如何規定無關。史蒂格勒將之命名爲「寇斯定理」（Coase Theorem），這樣一來更加深各方對該篇文章的注意，許多攻擊和防衛寇斯定理的文章紛紛湧現。

寇斯定理是探討交易成本爲零之下的狀況，這也對該文受到矚目有所幫助，因爲大部分的經濟學者都習慣在交易成本爲零的假設下從事分析，儘管這個假設大爲背離眞實世界。寇斯表示，大家似乎未發現，寇斯定理可以應用到交易成本大於零的眞實世界，前提是交易成本不會因法律的規定變動而受重大影響，而這一個前提一般都能成立。寇斯感到奇怪的是，他的討論中未納入符合眞實世界中大於零的交易成本，似乎使各界對該篇論文的注意不減反增。另一個引起廣泛討論的原因，寇斯認爲是他批判了庇古的分析方法，而當時的大部分經濟學者都奉庇古的分析法爲圭臬，其實直到目前也還是如此。因此，有許多經濟學者爲文替庇古辯護，寇斯認爲他們其實是在爲他們自己辯護。

另一點和上述純經濟分析較無關係的是，該文探討財產權制度原理以及法律對經濟體系運作的影響，因此擴大了法律的經濟分析這一領域，使它不再只局限於反托拉斯的政策。該文也引起美國各法律學院的法律學者與經濟學者的興趣，進而催生了大量的文獻報告，並導致「法律經濟學」這門新學科的興起。

就在種種特殊因素的結合之下，該篇文章乃迅速成功。不過，寇斯表示，如果因而認定一篇文章的論點要爲人接受，必須靠一群賢達之士的支持，或是能引發爭論等，誤會可大了。以〈廠商的本質〉爲例，發表當時並未引起注意，但五十年後卻已對許多經濟學者的思想產生重大影響，可見如果是好觀念，即使不像〈社會成本的問題〉具備上文所提的那些因素之助，遲早還是會被人所接受。寇斯引他的老師普蘭特的老師肯南（**Edwin Cannan, 1861~1935**）的話：「錯誤的觀念只能倖存一時，唯有眞理才能長存，贏得最後的勝利。」作爲支撐。

寇斯在一九九四年四月十二日自問：「在〈廠商的本質〉和〈社會成本的問題〉的分析廣受認同後，未來的工作是什麼呢？」寇斯以諾貝爾獎委員會所說，他已爲建立制度性結構的理論提供了磚塊，那接下來大家要做的是，找出這些磚塊的相互關聯，以建立起這樣的理論體系。寇斯希望自己能在這方面的工作貢獻心力，但他當時就覺得「時不我與」，因爲他個人的生命之路已近尾聲。不過，寇斯認爲還有其他優秀的經濟學者會維持此項研究工作，一個完整的理論輪廓應該會在不久之後開始浮現。如上文所言，廠商理論和法律經濟學，迄今已燦然大備。

七、退而不休關懷中國經改以終

回頭再談寇斯一九六四年到芝加哥大學（芝大）任教之後的情況。寇斯長期任教於芝大法律學院並主編《法律與經濟學期刊》，其影響不僅限於開拓了法律經濟分析這一領域，並使《法律與經濟學期刊》成爲全球法律經濟分析引領風騷的學術期刊而已，寇斯更協助芝大法律學院成爲法律經濟分析的重鎮。

芝大重要的智慧財產權和法律經濟分析學者威廉．蘭迪斯（William M. Landes）在二〇〇九年舉行的「市場、廠商與財產權——羅納德．寇斯的研究慶祝會」（Markets, Firms and Property Rights: A Celebration of the Research of Ronald Coase）研討會上發表的論文「衡量寇斯的影響」（Measuring Coase's Influence）中，再度指出寇斯是近五十年來被法律經濟分析的學術論文引用最多、而且是影響力最爲深遠的經濟學家。

芝大法律學院幾十年來一直是法律經濟分析的重鎮，數年前還成立了「法律與經濟學2.0起始」（Law and Economics Initiative 2.0），進一步強化芝大法律學院在法律經濟分析的教學和研究能量。而且在二〇一三年年初獲得一筆來自寇斯昔日學生山多（Sandor）夫婦的一千萬美元大額捐款，成立「寇斯—山多法律和經濟學研究所」（Coase-Sandor Institute for Law and Economics）。

大體而言，芝大法律學院在規模上雖然無法和學生及教職人數眾多的哈佛大學法學院相比，但芝大法律學院的課程設計和研究取向，卻展現出相當濃厚的法律經濟分析特色。無論是否以法律經濟分析爲研究方向或專攻領域的教授，其授課和言談之間都經常流露出受到法律經濟分析影響的思維，或者與法律經濟分析領域進行對話的意味。一九九四至一九九七年間，當時的寇斯已八十五歲左右，卻仍然經常在芝大法律學院的研究室和圖書館之間出入，也經常出現在各種學術研討會和研究工作坊的會場上。寇斯從來就不是個多話者，但只要他開口發言，必然是以溫和緩慢的語調，清晰地和師生進行深入的對話和討論，從來沒有一絲傲慢或不耐，也從未露出疲態，展現的就是對知識的尊重和熱忱、對辯難的尊敬和不懈，也是芝大學術傳統最爲典型的呈現。

芝大強調跨科際研究，早在一九二〇年代以前，關於如何將社會科學的方法和知識帶入法學教育領域的討論和努力，在芝大就不曾間斷過。二十一世紀初期，任教於芝大法律學院又同時受聘於芝大其他系所如政治學系、經濟學系，甚至是哲學系的教授，從各種不同的學科角度來分析法學問題和現象者非常多，這也就是這個長期傳統的特色。事實上，分別任教於芝大經濟學系和法律學院的經濟學家，在二十世紀三〇年代左右，就開始針對反托拉斯法（antitrust law）和產業管制（industry regulation）的相關問題積極進行研究，且從未間斷，也形成了產業經濟學的芝加哥學派。

一九三〇年末期起，芝大法律學院進行課程革新，開設了一系列包括經濟學和會計學在內的課程，並且任命原來在經濟學系任教的賽蒙斯（Henry Simons, 1899~1946）擔任芝大法律學院有史以來的第一位經濟學教授，開設針對公共政策進行經濟分析的課程，此種做法是當時美國法學教育的創舉，也奠定了芝大法律學院走向法律經濟分析發展的基礎。之後，賽蒙斯將艾隆・達瑞克特（Aaron Director, 1901~2004）從經濟學系引進芝大法律學院，從一九四六年起開始在法律學院教授價格理論課程，並且和愛德華・李維（Edward Levi, 1911~2000）合開反托拉斯法的課程，也因而造就出美國法學界第一批以法律經濟分析研究知名的學者，如羅伯特・勃克（Robert Bork, 1927~2012）、亨利．曼尼（Henry Manne, 1928~2015）和肯內斯．丹姆（Kenneth Dam）等人。

一九五八年，史蒂格勒（George Stigler, 1911~1991，一九八二年諾貝爾經濟學獎得主）也離開哥倫比亞大學進入芝大法律學院任教，也就在這一年，達瑞克特奉命創辦了《法律與經濟學期刊》，該期刊創刊號所收錄的論文中，就包括了兩篇日後的諾貝爾經濟學獎得主的論文，分別是貝克（Gary Becker, 1930~2014，一九九二年諾貝爾經濟學獎得主）的〈競爭與民主〉（Competition and Democracy）和史蒂格勒的〈規模經濟〉（Economies of Scale）。該份學術期刊的誕生，無疑宣告經濟學正式進入法學研究領域。

《法律與經濟學期刊》誕生的同時，芝大法律學院的「法律與經濟學工作坊」（Law and Economics Workshop）也成立了，這是一個每週固定舉辦的研究工作坊，是芝大法律學院迄今不曾間斷的傳統，其進行方式基本上由教授主導，但開放師生共同參與，其主要目的是，將法律經濟分析領域的最新研究結果公開發表、討論和批判。寇斯是最好的例子，寇斯分析批評美國聯邦通信傳播委員會（Federal Communications Commission）當時頻率分配制度的論文〈聯邦通信傳播委員會〉，雖然已在一九五九年發表於《法律與經濟學期刊》上，但如上文所言，寇斯在一九六○年受邀到芝加哥達瑞克特家接受二十位芝大頂尖經濟學者詰問，之後發表〈社會成本的問題〉這篇曠世巨作論文時，正是這個工作坊草創不久之際，也是寇斯和芝加哥大學結下終身不解之緣的開始。

寇斯在一九六四年轉赴芝加哥大學繼續其學術生涯，除了是以發展出一個以法律分析爲主軸的長期研究計畫爲目標外，最大的吸引力就是《法律與經濟學期刊》。寇斯在一九六四年承繼達瑞克特接下該期刊的編務，迄至寇斯一九八二年從芝大法律學院退休爲止，除了主編該期刊長達十九年，對於法律經濟分析領域的開疆拓土，發揮難以計量的影響力和貢獻之外，寇斯對於《法律與經濟學期刊》的深厚感情，不只在於其嘗試利用這份學術期刊所刊登的論文改變人們的觀點，更在於這份學術期刊的確也達到改變人們既定的觀念和想法的目的。同時，「寇斯定理」透過「交易成本」這個核心概念，將法律制度的安排和資源配置效率兩者結合在一起，等於是爲經濟學理論和方法適用於法律問題和現象的研究上，指引出相當明確的方向。從寇斯定理面世迄今，不僅對美國法學教育和法學研究影響深遠，也對全球各地的法學界和制度經濟學界有著難以言喻的導引作用，這也就難怪寇斯會有「法律經濟學創始者」之稱謂。

事實上，寇斯終其一生，一直不斷地建議和勸導他的經濟學同儕，應該跳脫「黑板經濟學」（Blackboard Economics）的既有窠臼，嘗試將經濟學轉化為與真實世界能夠徹底連結起來的「真正社會科學」。

寇斯對於芝大法律學院在法律經濟學研究領域不斷開拓研究議題和取向的貢獻，以及他絲毫不保留的批評精神，對於芝大法律學院學術風氣的影響，應該可以說正是將經濟學轉化為和真實世界能夠徹底連結起來的真正社會科學這番努力中，最為典型的實踐範例。

寇斯雖在一九八二年七十二歲時就從芝加哥大學退休，但仍以名譽教授身分活躍於芝大校園。如上文所言，在研討會和工作坊會議中都有寇斯的身影，可見他仍持續做學術研究並關心真實世界，即便仍甚少寫作。但在二〇一二年一〇二歲高齡時，還和其當了十五年助手的學生王寧合著出版《變革中國：市場經濟的中國之路》（*How China Became Capitalist* 在中國出版的中文譯本書名）這本英文書，檢視中國過去三十多年的改革開放獲致的變化和成果。以古往今來的歷史經驗為例，強調目前的中國經濟在結構上所面臨的主要致命傷，就是無論是在教育體系中，或者是在法律、政治層面，當前的中國都缺乏開放的思想觀念市場。我們在下面章節介紹寇斯的思想和學術貢獻時，再來較詳細介紹這本書。此處值得一提的是，受寇斯影響甚大的華裔全球知名產權名家張五常教授，早在一九八一年就應英國的經濟事務學社（IEA）寫了一本名爲《中國會走向「資本主義」嗎？》（*Will China Go "Capitalist"?*）的小書，用的研究方法正是寇斯的「交易成本」理論，沒想到三十一年之後寇斯也寫了《中國如何成爲資本主義？》（*How China Became Capitalist*的中文直譯），似乎爲張五常提供解答。實情如何，下文再行分解。

就在*How China Became Capitalist*出版的次年，二〇一三年九月二日，芝加哥大學法律學院網站上張貼了一份新聞稿，宣布一九九一年諾貝爾經濟學獎得主寇斯當日在芝加哥辭世的消息。寇斯享年一〇三歲，以如此高齡離世雖不令人特別感到驚訝，但在眞實世界的交易成本愈來愈高的現時，還是讓人惋惜、遺憾不已！

第二章　張五常眼中的寇斯

上一章主要以寇斯在一九九四年四月十二日應美國德州聖安東尼奧的三一大學（Trinity University）之邀，講述其「我成爲經濟學者的演化之路」講詞來記述寇斯，是寇斯本人主觀的描述。本章則擬藉張五常這位和寇斯亦生亦友，熟知寇斯，受寇斯之託代其上臺發表諾貝爾獎受獎感言，且將其兒子取名爲寇斯的名字「羅納德」之產權名家的文章，客觀地來認識寇斯。那是張五常在一九九〇至一九九一年香港《壹週刊》雜誌「專欄」上一連九篇的〈我所知道的高斯〉，高斯是香港人的 Coase 中譯名，也有譯爲「科斯」，本書則以「寇斯」爲譯名。最後，再補上二〇一三年九月十日張五常發表的悼念文。

一、初識寇斯

話說一九六一年秋天，張五常剛進美國洛杉磯加州大學（UCLA）的經濟學研究所就讀，碰到這樣難忘的一件奇事：一位經濟學系老師退休，把他的舊書和期刊雜誌放在經濟學系辦公室「拍賣」，現場沒有人負責，每本刊物或書籍都夾著一張紙，請有意購買者將自己的姓名及願意出的價錢寫在紙上，價高者購得，自己心中的價格低於紙上別人的出價，當然就知難而退不用出價了。

張五常和許多同學都很好奇，也都去看看每本書籍、刊物的出價如何及多少人出價。有些不見經傳之作乏人問津，也有一些出「幾毛錢」的。名著如凱因斯（John M. Keynes, 1883~1946）的《就業、利息和貨幣的一般理論》（*The General Theory of Employment, Interest and Money*，簡稱《一般理論》）、馬夏爾（Alfred Marshall, 1842~1924）的《經濟學原理》（*Principles of Economics*）、費雪（Irving Fisher,

1867~1947）的《利息理論》（*The Theory of Interest*）等，都有好幾位出價者，而且價格都不低。不過，最受到矚目的是，一本一九五八年新出版的期刊《法律與經濟學期刊》（*Journal of Law and Economics*），那是芝加哥大學法律學院出版的刊物，一九五八年創刊，每年只出一期，每期只印五百本。

那本被拿來拍賣的創刊號《法律與經濟學期刊》很殘破，顯然被不少人翻閱過。一般來說，舊期刊根本就不值錢，但這本殘破的舊期刊，竟然有二十多人出價，原價二美元，而張五常卻要出價二十五美元才買到，當時二十五美元是個很大的數字。當張五常得標後，掏出二十五美元交給經濟學系的女職員時，該女職員好奇地望著張五常說：「我們辦公室的人都等待著，很想看看哪位好漢贏得這本殘破的期刊。」

這件事顯示出早在一九六一年時，洛杉磯加州大學的經濟系研究生，就懂得搶購這本後來具有革命性影響力的期刊，而當時沒有幾間大學曾聽過該期刊的名字。

張五常講述該期刊創始的原委。話說一九七六年諾貝爾經濟學獎得主弗利曼（Milton Friedman, 1912~2006）的太太蘿絲（Rose）的哥哥艾隆．達瑞克特（Aaron Director, 1901~2004），是芝加哥大學經濟學的主要思想家，其智力與深度絕不在弗利曼之下，但達瑞克特只有一個哲學的學士學位，絕少發表文章，在芝加哥大學的法律系任教，教的是經濟學。與達瑞克特熟識的高手學者，不論是法律系的，還是經濟系的，都對他佩服得五體投地。只不過達瑞克特不但不著書立說，也不喜歡教書，只喜歡閱讀，平時沉默寡言，但一開金口說話，旁邊的人都靜下來仔細傾聽，生怕丟了寶似的。

張五常感嘆說，世界上只有最高級的學府，才能容納像達瑞克特這樣的人，如果在香港大學，他連助理教員的職位也不可能得到，更不用說講師了。不過，當時達瑞克特在芝加哥大學既不寫文章，也不願意教書，同事們卻得找些適當的工作給他做。法律學院的院長於是想到了創辦一本法律與經濟合併的學術期刊，請達瑞克特當主編。可是達瑞克特對這項工作也不感興趣，他認為一般的學術文章都不值得發表，而一本刊物要靠學校津貼資助，沒有市場需求，是浪費資源，不辦也罷。還好的是，達瑞克特覺得自己除了旦夕在思想上下功夫，對校方卻沒有什麼可計量的具體貢獻，也就不好意思推卸這項主編學術期刊的任務了。

達瑞克特辦期刊的作風獨樹一格，成為佳話。他很少約稿，也從不催稿，更永不趕印，也絕不宣傳。每年只出一期的刊物，今年應出版的往往遲至下一年才出刊，但一九五八年底所出的第一期，十篇文章篇篇精彩，識者無不拍案叫絕。由於只印數百本，內容很專門、很深入，只有對眞實世界有興趣的人才會重視，所以知道的人並不多，訂閱者更少。要不是艾爾欽（Armen Albert Alchian, 1914~2013）等人在張五常進入加大研究所之前對該期刊讚不絕口，張五常不可能會從同學那裡時常聽到該期刊的名字。

張五常接著寫說，寇斯曾在英國倫敦經濟學院任教，也是在那裡得到學士的。學士畢業的前一年只二十歲，寇斯獲得一項遊歷的獎學金，到美國遊學，途經芝加哥大學時，曾走進奈特（Frank Knight）的課堂聽了一些課，若有所悟。返英之後寫了一篇名爲〈廠商的本質〉的文章，但要等到六年之後的一九三七年才發表。這篇文章很有名，但其發揮的巨大影響力，卻到文章發表之後四十年才出現。張五常讚嘆說，一個二十一歲的青年，竟然可以寫出一篇四十年後在經濟學上具有革命性的文章，眞可說奇哉怪也！

寇斯拿到學士後，曾先後在兩間英國大學任教，一九三五年轉回倫敦經濟學院，一九四六年發表過一篇頗爲重要的文章。一九五一年寇斯要到美國謀生，沒有博士學位不好辦，他於是用幾篇文章申請，獲得倫敦大學的名譽博士。艾隆·達瑞克特曾在英國與寇斯有一面之緣，就幫寇斯寫了一封介紹信，而認識達瑞克特的人無不重視他的意見，於是寇斯一九五一年抵美後，便順利地在水牛城大學任教，一九五八年再轉到維吉尼亞大學。這一切都沒什麼特別之處，也就是說，那個時候寇斯的學術生涯顯得平淡無奇。

二、嶄露頭角一炮而紅

一九五八年底，達瑞克特的《法律與經濟學期刊》出版了，艾爾欽在洛杉磯加大讀了之後，向人極力推薦，從此影響了張五常的後半生。剛到維吉尼亞大學任職的寇斯拿起該期刊一看，覺得很有意思，便在一九五九年寄給達瑞克特一篇長文，題目是〈聯邦通信傳播委員會〉。達瑞克特一讀來文，驚爲「天文」，就將它作爲一九五九年那期的第一篇文章刊登，出版時已是一九六〇年。張五常到一九六二年才有機會讀到，立即佩服得五體投地。直到今天，張五常仍然認爲，那麼好的經濟論文是絕無僅有的。

有趣的是，〈聯邦通信傳播委員會〉的發表並不容易，即使達瑞克特認爲它是天才之作，但當時芝加哥大學的衆家經濟學高手都說寇斯的看法錯了，若不修改就不應刊登。達瑞克特將所有的反對觀點都轉達給寇斯，但寇斯堅持己見，不認爲自己是錯的，也就是「死不認錯」，堅持不改。如此的書信往返很多次，最後寇斯回信說：「就算是我錯好了，你也不能否定我錯的很有趣味，那你就應該照登吧！」達瑞克特回信說：「我照登是可以，但你必須答應在發表之後，到芝加哥大學來，做一次演講，給那些反對者一個機會，親自表達他們的反對觀點。」寇斯回說：「演講是不必了，但假若你能選出幾位朋友，大家坐下來談，我很樂意赴會。」達瑞克特順了寇斯之意，著手安排聚會。

在一九六〇年春天的一個晚上，達瑞克特邀請了弗利曼（M. Friedman，一九七六年諾貝爾經濟學獎得主）、史蒂格勒（G. J. Stigler，一九八二年諾貝爾經濟學獎得主）、哈伯格（A. C. Harberger，福利經濟學的首要人物）、貝利（M. Bailey，理論高手）、卡塞爾（R. Kessel，一九五〇、六〇年代的經濟學天才，醫學經濟學的創始者）、麥基（J. M. McGee，專利權理論的要角）、路易斯（G. L. Lewis，勞動經濟學的重要人物），以及敏茲（L. Mints，勞動經濟理論高手）等各路高手，加上達瑞克特和寇斯，共有二十一人之多。張五常說，經濟學的討論從來沒有那麼多的高手雲集。

張五常認爲，那是經濟學歷史上最有名的辯論聚會。地點就在達瑞克特的家，由他請客吃晚飯，飯後大家坐下來，寇斯問：「假若一間工廠，因生產而汙染了鄰居，政府應不應該對工廠加以約束，以課稅或其他辦法使工廠減少汙染呢？」所有在座者都認爲政府應干預，但寇斯說：「錯了！」接著就進行兩個小時的論辯，結果大家一致同意寇斯的論點。

多年之後，當時的參與者各有不同的觀點，史蒂格勒對張五常說：「那天沒有錄音機錄下來，是日後經濟史上的一大損失。爭議到半途，弗利曼突然站起來，舌戰如開槍亂掃，槍彈橫飛之後，所有人都倒下了，仍然站著的只有寇斯一個人。」卡塞爾對張五常說：「經過那一個晚上之後，我知道寇斯是本世紀對經濟制度認識得最深入的人。」麥基則對張五常說：「當夜是英國的光榮。一個英國人單槍匹馬，戰勝了整個芝加哥經濟學派。當夜深人靜我們離開達瑞克特的家時，互相對望，難以置信地自言自語說，我們剛才是在爲歷史做見證。」

寇斯本人又是如何呢？張五常說，寇斯差不多給那個奇異的辯論嚇破了膽。寇斯跟張五常說：「當夜我堅持己見，因爲怎樣也不曾想到我可能會錯，但眼見那麼多高手反對，我就不敢肯定了。到弗利曼半途殺出，他的分析清楚明白，我才知道自己可高枕無憂了！」

張五常感性地說：「是的，芝加哥學派之所以成爲芝加哥學派，說到底，不是因爲外間所說的，他們反對政府干預或支持自由市場，而是因爲歷久以來，那裡有一些頂尖的思想人物對眞實世界深感興趣，客觀地要多知道一點。芝加哥學派在那一夜之前早已聞名天下，但那天晚上辯論開始時，反對寇斯的人都是贊成政府干預汙染的。寇斯反對政府干預汙染勝了一仗，然而，他卻是贊成政府干預的倫敦經濟學派培養出來的！」

那天晚上的大辯論，幾乎傳遍了經濟學界。那麼，他們辯的是什麼呢？

三、初試啼聲的〈聯邦通信傳播委員會〉

〈聯邦通信傳播委員會〉這個毫不起眼的論文題目，引起了二十多位頂尖高手的大論辯，也促成了經濟學上有名的「寇斯定理」，而此定理使舉世開始明白私有產權的重要性，間接或直接地使共產制度奄奄一息，改變了下一代的民生。這樣的說法或許誇大了些，但的確有愈來愈多的經濟學者是這麼認爲的。

寇斯的〈聯邦通信傳播委員會〉一文，其實是日積月累的成果。寇斯自一九三七年發表了〈廠商的本質〉之後，研究興趣就都集中在專利或獨占權上，他特別感興趣的，是由政府創立或保護的專利權。在英國任教時，寇斯考察過郵政、廣播等行業。他的調查一向都很詳盡、很細心。提不起勁去讀寇斯的文章者，會覺得沉悶、沒有新意，但爲好奇心而讀的，就會覺得他學富五車，是多個行業的專家。若讀者不憚其詳，細心地讀，就會發現寇斯的文章在幾頁之中往往有一、二句很有創見、令人耳目一新的話。

一九五一年寇斯移民美國後，其興趣還是在政府創立的專利權上。既然寇斯曾研究過英國的廣播專利，到了美國也很自然的對美國的廣播專利一頭鑽進去。在美國，所有的傳播媒體，舉凡電臺、電視臺、電話、刊物雜誌等等，都是由一家權力極大的政府機構管轄的。這個機構就是「聯邦通信傳播委員會」（Federal Communications Commission，簡稱FCC），寇斯理所當然地對此機構進行考察。沒有人會想到，就連寇斯本人也不會想到，這一考察就改變了二十世紀的經濟學。

寇斯對FCC的首要問題是，這機構的龐大權力是如何得來的？寇斯追查歷史，得到了很清楚的答案。那就是在二十世紀初期，美國東岸的漁民駕船出海捕魚，一去就是很多天，家裡的人與他們聯絡，一般是報平安，最重要的是，通知漁船颶風即將來到，都是要靠收音機的。如果兩艘漁船或多艘漁船同時使用同一個收音頻率與岸上的家人對話，那麼聲音就會在空中亂搭一通，弄得亂七八糟。

更有甚者，有些搞怪居心不良者，還會亂用頻率，向漁船廣播錯誤的天氣訊息。這樣的情況當然不能放任下去，於是就由政府出面進行管制，這就是FCC出現的緣由。美國FCC起先是個很小的委員會，於一九二七年設立，用來管制播音頻率的使用，有系統地控制收音混淆的情況。有了這個成功的開始，小小的委員會逐漸擴大，權力也擴張，從一九三四年開始，擴展到美國所有的傳播媒體及通信等方方面面。

這種看起來是非常順理成章的政府管理事務，寇斯卻不以爲然，認爲是多此一舉。他認爲「收音」在空中弄得一場糊塗，是因爲頻率沒有明確的、清楚的權利界定。問題的所在是，因爲頻率不是產權，若沒有管轄，誰都可以任意使用，豈有不亂之理？如果每個頻率都被界定爲私產，那麼越權侵犯者就會被起訴。若所有的頻率都成爲私產，沒有頻率「在手」而又要使用的，可以向頻率擁有者租用，那麼市場就可發揮作用，顯現威力。經由市場運作，就可將空中頻率亂搭的混淆狀況「整理」得清清楚楚，價高者得到的方式，可使頻率的使用轉到願出「高價」者的「手上」。

張五常指出，在〈聯邦通信傳播委員會〉一文內，寇斯寫了一句當時很少人注意，但其實是石破天驚的話：「清楚的權利界定是市場交易的先決條件。」（原文是：The delineation of rights is an essential prelude to market transactions.）這也就是之後舉世聞名的「寇斯定理」之簡單白話。張五常提醒說，不要以爲這句話很膚淺，即使到今天，有好些經濟學博士還是對它不甚了了。張五常更補充說，到現在整個北京政權都不明其理。清楚的權利界定是私有產權，而北京的執政者一方面要保持公有制，另一方面要發展市場，怎會不互相矛盾、前言不對後語呢？在中共十八屆三中全會決議「讓市場發揮決定性作用」大家有共識，但居然對「今後推動經濟發展的，是國營企業或民營企業」沒有共識。這不是很清楚嗎？當然是民營企業推動的，因為既然「讓市場發揮決定性作用」，政府就要靠邊站，怎可能還讓國營企業來主導經濟發展呢？

張五常說：「是的，產權問題在經濟學上早有悠久的歷史，但從來不受重視，而說到不同經濟制度的著作，在寇斯之前很少是以產權的不同為核心的。自古以來，在法律上，產權的討論大都是以地產（不動產）為主題，牛羊等『可動產』次之，寇斯奇峰突出，以看不見、摸不著的廣播頻率來討論產權，引人入勝，觸發了經濟學者的想像力，而頻率的混淆是侵犯產權的結果，因而很自然地就帶到汙染的問題上。汙染是產權混淆的問題，這一提點，使我們對世事要從一個新的角度去看。」

四、〈社會成本的問題〉的誕生

張五常覺得，芝加哥大學的衆多高手，當年反對寇斯在〈聯邦通信傳播委員會〉一文中的觀點，倒不是因爲寇斯認爲把廣播的頻率私產化就可以解決問題。雖然他們以前可能沒想到看不見、摸不著的廣播頻率，也可以界定爲私產，但私產有起死回生之力，芝加哥學派學者怎會不知道。他們對寇斯文章的質疑，是因爲寇斯把頻率公用的混淆一般化，衍生到他們認爲政府必須干預的例子上。

寇斯認爲，頻率公用的混淆效果，與任何資產公用的效果相同。寇斯說：「一塊地用來種植，同時又用來停車，其效果與頻率亂搭同樣一場糊塗。」於是寇斯指出，「停車的人損害了種植者，要前者賠償後者可能是錯的。如果爲了要種植而不許停車，那麼種植者豈不也損害了停車者？那麼種植者是否要賠償停車者的損失呢？工廠汙染鄰居，要工廠賠償給鄰居嗎？還是鄰居要賠償給工廠，請工廠減少汙染？」寇斯也認爲，說不定工廠汙染愈厲害，對社會可能的貢獻愈大呢！

寇斯對這種類似「使用者付費」的看法並不以爲然，但寇斯的論點，不要說在一九五〇年代很難被人接受，即便在二十一世紀的今日，也還是不容易讓一般人認同，甚至是經濟學者也同樣不認同。在一九五〇年代，所有的經濟學者都同意，「損人者」需要受到約束，但萬萬沒想到，損人者被約束，就是被「受損者」損害了，所以受損者也可能應該要被約束。張五常驚嘆說：「科學的進展是那麼的奇妙！一個在原則上相同，但在性質上不同的例子，可以使分析者從一個新的角度看同樣的問題。這個新角度可能引領我們進入一個新天地，以致後來整個科學觀念都改變了。」

寇斯在當時可說鴻運當頭，他爲了追尋「聯邦通信傳播委員會」的起源而一腳踩中了千載難逢的例子：一個公用的廣播頻率，使大家的收音混淆不清，是誰損害了誰？答案很明顯的是：你損害了我，我也損害了你。要約束哪一方呢？答案是：任何一方都行。應該是誰賠償給誰呢？答案是：要看誰有使用的界定權利。以爲停車者或汙染者是損人而不是被損，是失之毫釐，謬以千里矣！

在達瑞克特家中的大辯論，讓所有參與者都恍然大悟：廣播頻率相互干擾既然是產權問題，那麼汙染也是產權的問題了。工廠是否有權汙染鄰居，鄰居是否有權不受汙染，權利誰屬不重要，重要的是要有「業主」，要有清楚的權利界定，一旦清楚的界定了，是工廠的也好，是鄰居的也好，汙染的「多少」就可用市場的交易來解決，不管權利屬於誰，只要被界定了，在市場的運作下，其汙染的程度都是一樣的。「寇斯定理」就是這麼的簡單。

寇斯跟張五常說，當他那天深夜離開達瑞克特家時，已經胸有成竹。回到維吉尼亞大學之後，他答應達瑞克特給《法律與經濟學期刊》寫一篇那天晚上他所做的澄清與分析的文章，該篇題目爲〈社會成本的問題〉之作，可以說是石破天驚，是二十世紀被引用次數最多的經濟學作品。該篇文章很長，文中提到許多不同而又類似的實際例子，反映出寇斯的學問之淵博，該文被達瑞克特排在一九六〇年那一期的第一篇文章，出版時已是一九六一年了。

根據寇斯的回憶，由於要趕上一九六〇年的那一期，時間非常緊迫，他寫好一節後，就先將該節寄給達瑞克特，之所以一節一節的寄，是希望達瑞克特有充裕的時間編排。不過，這樣分節寫、分節寄，節與節之間的連貫性較弱，但每節較一般文章的章節卻因而有較大的「獨立」性。寇斯一直到寄出結論那一節時才知道，達瑞克特對他寫稿時的趕、趕、趕，根本漠不關心。達瑞克特認爲，好文章通常要多花時間寫，不需要急著寫。假使寇斯的稿子延遲幾年才寫完，達瑞克特一九六〇年那一期也會一直等下去。像這種編輯，在市場上一定早就被解僱了，但從學術的高度及態度的認眞來說，達瑞克特卻是無出其右的編輯呢！

在一九六〇年代，《法律與經濟學期刊》是有稿酬的，張五常曾經問達瑞克特，寇斯的〈社會成本的問題〉一文稿酬有多少。達瑞克特喟然興嘆說：「那時校方明文規定，不管文章高下，每頁稿酬相同。假如我有權按文章的重要性來發稿酬，我會將全部可用的稿酬通通給他！」

一九六〇年那期的《法律與經濟學期刊》只印五百本，後來該期的需求量每年激增，又重印了好幾次，十多年後還要重印呢！世界上似乎沒有哪一本雜誌或期刊有這樣的經驗。

五、張五常最能領悟寇斯的思想

許多經濟學者都知道，寇斯曾不斷地表示，讀者不明白他的文章。弔詭的是，一般讀者卻認爲寇斯的文字好得出奇，明朗至極。已故的詹森（Harry Johnson, 1923~1977）是文字操縱自如的大師，他曾經跟張五常說，寇斯是百年僅見的文字高手。那麼，爲什麼寇斯認爲別人看不懂他的文章？張五常覺得寇斯並非過於敏感，而是寇斯的思想深不可測，明朗的文章讀來似淺實深，使很多不眞正明白其意的人以爲自己明白了。

張五常說他自己是一九六二年起才細讀寇斯的〈社會成本的問題〉這篇論文，一次又一次地讀了三年，期間每讀一遍後都靜靜地思索，思索後又再讀。後來張五常寫〈佃農理論〉博士論文時，沒有引用寇斯這篇大作，因爲執筆時沒想到自己的理論與寇斯定理有什麼關係。若干年後，詹森、施伯格（E. Silberberg）、華特斯（A.

Walters）等人在他們的書中介紹寇斯定理時，都不約而同地以張五常的佃農理論作爲寇斯定理的應用典範。張五常於是領悟到，「有時影響愈深，受影響的人反而愈不知情。」

一九六七年秋天，張五常到芝加哥大學任職，對他來說，拜訪寇斯是最重要的事。那時達瑞克特要退休，《法律與經濟學期刊》就交棒給寇斯主編，這也是寇斯答應到芝加哥大學任教的主因，而寇斯是在一九六四年轉到芝加哥大學的。一九六七年的秋季開課後幾天，張五常就到芝大法律學院去找寇斯，之前兩人未曾見過面。張五常戰戰兢兢地走進寇斯的辦公室，自我介紹說：「我是史提芬（Steven），艾爾欽的學生，曾經花過三年時間閱讀你的〈社會成本的問題〉。」張五常說他這段話已經準備很久了。

說了這些話之後，張五常才打量寇斯，只見寇斯頭髮斑白，服裝古老，戴著眼鏡，「正襟危坐」於桌前閱讀。研究室內的書籍很多，一套一套地放得很整齊。寇斯聽完張五常說的話後，好奇地抬起頭來，問道：「我那篇文章是說什麼呀？」張五常一時語塞，心想，那麼長的文章，從何說起？過了一陣子，張五常還是勉強地答了一句：「你那篇文章是說合約的局限條件。」寇斯立刻站起來，高興地說：「終於有人明白我了！你吃過午餐沒有，我們不如一起吃吧！」

就這樣，寇斯和張五常成了好朋友，兩年後張五常離開芝加哥大學，轉到西雅圖的華盛頓大學任教時，不時就接到一些不相識的經濟學者的長途電話或來信，說寇斯要他們問張五常，關於寇斯某篇文章如何解釋。張五常回香港任教後數年（一九八八年左右），一位美國教授途經香港，告訴張五常這樣一個故事：寇斯曾到他們的大學演講，聽眾濟濟一堂。在演講中寇斯直白地說，引用其思想的人都引用得不對。到了發問時間，一位聽者問道：「當今之世，有沒有一個引用你的思想的人是引用對了的？」寇斯回答：「只有張五常。」

這個故事在美國傳了開來，讓張五常受寵若驚。然而，張五常自己認爲這驚喜得來不易。因爲他不只花了三年工夫讀寇斯一篇文章，而且在芝大兩年間，他和寇斯在校園漫步時，寇斯不斷和他細說其思想的根源。張五常和寇斯雖無師生之名，卻有道地的師生之實。外間誤以爲張五常是寇斯的學生，寇斯從不否認，張五常也從不否認。

張五常對於拜師或拜友求學，所求的有點與眾不同。從傳統的教與學那方面看，張五常是個不受教的人。假若一位老師轉述某一篇文章，不管說得如何精彩，張五常的腦子多半會想到其他事情上去。就算老師精闢地批評那篇文章，他也會想：「文章我自己可以讀，讀時有自己的觀點。」於是腦子又雲遊去了。張五常自我解嘲說，這樣的學生還獲得那麼多的明師教導，可算是奇蹟。

張五常說：「是的，我求學的主要興趣不是求教，而是想知道一些重要的思想是怎樣形成的。艾爾欽吸引我，是因爲我要知道他那天馬行空的思想從何而來。後來我發現他有高度的分析能力，還能保持著小孩子般的發問本領，那我就跟著他過過癮，也天馬行空起來。我向赫舒拉發（Jack Hirshleifer, 1925~2005）所學的是另一套功夫，他的思想只有幾個很簡單的步驟，要是拜他爲師的人能細心地體會，會很容易學上手。」

寇斯之所以能吸引張五常，另有一個原因。張五常認爲寇斯是二十世紀最具創新能力的經濟學者，寇斯的每個思想，不論是對還是錯，總是令人覺得不知是從哪裡鑽出來的，張五常於是決定追尋寇斯思想的來龍去脈。張五常有兩年的時間在芝大與寇斯在一起，每次兩人對談時，張五常都問寇斯某個思想的根源及其後發展，知道了寇斯的思想發展歷史後，再去讀寇斯的文章，所領悟到的就大爲不同了。寇斯之所以會認爲張五常是他的衣缽傳人，很明顯的是因張五常曾經研究過其思想的來龍去脈，所以張五常讀寇斯的文章時，可以知其「龍、脈」而讀「到」文字之外的含義。

張五常說：「是的，寇斯的文章寫得很清楚，但我們如果僅欣賞他明朗的文字，就往往不能體會到他思想的深處。」

六、寇斯只對「眞實世界」經濟有興趣

寇斯和張五常在芝大校園內漫步，有時連大家上課的時間也忘記，張五常覺得那是他對芝大最溫馨的回憶。他跟寇斯在午餐研討時，時間似乎過得特別快，轉眼就幾個小時過去了。

張五常覺得寇斯的思想有個很特別的地方，那就是：對任何問題，寇斯似乎是先有答案才試作分析的。這與弗利曼正好相反。當張五常向寇斯提出某個觀點，寇斯就用預感做回應：「你似乎是對了」或「你似乎是錯了」。問寇斯一個問題，寇斯的腦子好像就在空中隨意抓一下，拿出一個往往令人莫名其妙的答案，然後再加以分析。這樣純以預感爲先的思考方法，其預感可能會錯，但創意的確超凡！張五常說：「當然，一個可取的創見，通常必須通過愼重的分析和邏輯的支持。」

寇斯的創見有如神龍見首不見尾。張五常認爲寇斯有那樣的本領，是因爲寇斯

先以預感做了結論，然後再加以分析。與此相反的是張五常在洛杉磯加大研究所的另一位老師，後來變得大名鼎鼎的布魯能（Karl Brunner, 1916~1989）。布魯能才智過人，是邏輯學的高手，他有一個原則：未經愼重的邏輯推理，不應該有任何結論。張五常評斷說，從推理的嚴謹那方面看，寇斯不及布魯能，但若以創見論高下，布魯能就遠遜於寇斯了。

除了創見超人外，張五常認爲寇斯的腦子還有兩樣過人之處。其一，寇斯在推理時，一般化的能力很強，任何人提出的任何稍有趣味的論點，他往往可以立刻舉出同類的論點或例子來印證。更有趣的是，假如與他討論的人舉出多個不同的例子，他就返璞歸眞，將不同的例子歸納到同一例子上。寇斯曾對張五常說：「我這個人不可救藥，因爲任何人提出任何例子，我都想到馬鈴薯那裡去！」很明顯地，推理一般化既要分其異，也要求其同，而寇斯的確有這種天賦的本領。

其二，對哪一種思想是重要或不重要，寇斯知其然而不管其所以然。鄧塞茲（Demsetz）和卡塞爾都曾對張五常說，沒有誰對一種思想的重要性能比寇斯有更敏感的直覺。張五常曾經問寇斯：「大家都同意你對思想的重要性很敏銳，但究竟你自己怎樣判斷一種思想的重要性呢？」寇斯回答說：「我從來不做這樣的判斷，只是覺得一些觀點很有趣味，很有意思。」張五常認爲這是可以相信的答案。沒錯，寇斯的趣味感很強烈，自己感興趣的，就立刻很投入地參與研討，可以日夜不斷地花幾個月的時間；自己不感興趣的，寇斯就連聽也懶得聽。

張五常認爲，思想的興趣所在，剛好與思想的重要性吻合，這樣的人是學術上的天之驕子。這好比一個天才導演挑選未入門的演員，不需以什麼準則來衡量，只憑敏銳的感覺挑選；而被他認爲是好演員的，將來的觀衆也會有同感。張五常指出，在美國汽車行業的歷史上，曾經出現過兩個這樣的人。他們一看某輛新車的設計，就知道將來市場的銷路是好還是壞，雖然當初很多行家不同意，但結果卻證明是對的。

與寇斯結交，暢談經濟，張五常很快就意識到寇斯的興趣所在，因而在傾談時，張五常往往談些寇斯感興趣的事，這樣兩人便談得很投機。張五常特別強調，他並非有意使寇斯開心，而是倘若他對寇斯提出其認爲是「枯燥」的事，寇斯會置若罔聞，根本不可能談得出什麼。對寇斯來說，經濟學分爲兩類，一是「黑板」經濟學，指的是那些在黑板上推理及求證的；另一種是「眞實世界」經濟學，就是那些以現實觀察爲大前提的。寇斯對前者毫無興趣，而在他感興趣的眞實世界經濟中，他對那所謂「總體」經濟的現象漠不關心。張五常說，只要他能對寇斯提出一個在有關貨幣之外的現象，談到一點分析，寇斯就興趣盎然，鍥而不捨地追問下去。

張五常指出，寇斯還有一個怪癖，一方面寇斯對傳統經濟學，譬如馬夏爾的經濟學很欣賞，但另一方面卻對不少衆所接受的傳統觀念，認爲毫無用處、避之唯恐不及！例如：寇斯認爲「效用」（utility）這個有悠久發展歷史的概念，是「空空如也」的那一種，對經濟學有負面作用；又例如：經濟學上的「均衡」（equilibrium）概念，寇斯認爲是浪得虛名，半點用處都沒有。至於什麼「長期」和「短期」的分析劃分，寇斯更認爲是無稽之談。

能夠對這些在傳統上根深柢固的熱門概念視如糞土，而還能成爲一個大宗師，其獨立思考的能力之高，的確是絕無僅有。有趣的是，這些被寇斯看得一文不值的概念，幾乎都是馬夏爾開創出來的，但寇斯對馬夏爾卻推崇備至、視若天人！「不同意、反對其概念，卻對其學問尊敬萬分」，這是歐美學術上的最佳傳統。張五常問說：「不知炎黃子孫有幾人能有這樣的胸襟？」

七、在芝大的論文發表會

在芝加哥大學的兩年中，張五常私下與寇斯研討過的問題，其中一部分是關於張五常自己的研究，求寇斯指導。那時芝大的出版社已決定出版張五常的《佃農理論》一書。張五常說，他從未跟寇斯談到該書中的理論，因爲凡是寫好的文章，張五常通常都不願再談。不過，由於受了寇斯的影響，張五常在該書內補加了一章，是關於合約的選擇。本來張五常在論文中已談到了這個問題，但寇斯給了他新的啟發，使張五常決定將幾頁的討論增加到數十頁，成爲獨立的一章。

既然可以獨立成文，張五常就將那篇改寫，在一九六九年寇斯接任主編的《法律與經濟學期刊》上發表。該文的題目是〈交易成本、風險與合約的選擇〉。初稿是一九六八年初在芝加哥大學寫成的，在校內傳閱了幾天後，史蒂格勒打電話給張五常，簡單地說，「你那篇文章很有意思，下星期四是吉日，那天下午你要到我們的研討會上來講述一下。你也可能不用說什麼，因爲在座的聽眾到時候都會先把你的文章讀過。」

芝加哥大學的研討會稱爲「工作坊」（workshop），舉世聞名，每星期都有五個這樣的「會」，每個會都有不同的學術範圍。其中最著名的是弗利曼的貨幣研討會和史蒂格勒的工商組織研討會。弗利曼的比較特別，他的「工作坊」是「閉關室」（closed shop），因爲一個學年內不打算在那裡提供一篇文章者就不能參加。史蒂格勒的卻是「開放室」（open shop），任何人都可以參加，但到場之前必須把文章先讀過（我在一九八五年訪問芝大經濟學系時也曾參加過）。這些研討會沒有學分，算不上是課程，除芝大外，沒有任何高級學府眞正地成功過——長久以來有多個熱心參與者，更何況芝大每星期有五個之多。

這些研討會從不間斷，參加者都必定事前有所準備，而提供「論」稿者可以藉此機會而獲益良多。史蒂格勒主持的研討會以「殘忍」聞名！在座的經濟學教授與研究生各半，講者可先做十五分鐘的講話，接著的兩個小時，聽眾就「大開殺戒」，沒人會手軟的。張五常說，他曾經見過一位外來的有名學者，在史蒂格勒的研討會上被聽眾殺得片甲不留、面紅耳赤，差不多快要哭出來。聽眾中有一位看不過去，就大聲對那位外來學者說：「在我們這裡你不能坐以待斃，你要反攻啊！」

話雖如此，能被邀請到史蒂格勒那個研討會中講話的，是一種光榮。張五常到芝大不到半年，就得到史蒂格勒親自邀請，喜出望外，心想：「我那篇文章實在不錯，你們再『殘忍』也應該手下留情。」到了該星期四的下午，張五常提早到場，大有關雲長單刀赴會的氣勢。那個研討室的設計有點嚇人——提供文章的講者坐在最低之處，聽眾的座位高高在上，環繞著講者。張五常雖然是初生之犢不畏虎，但先到場後，聽眾還未到，坐在講者的低位上，向上環視一周，內心卻涼了一截！

聽眾準時來到，共有三十多人，有一半是當時鼎鼎大名的高手，這讓張五常想起某電影中以嬰兒祭神的故事。寇斯是最後進場者，選了一個最靠近張五常的正中座位，對張五常微微一笑，點點頭，表示嘉許，這讓張五常感到一絲暖意。張五常的博士論文指導教授艾爾欽，當時也剛好到芝大訪問，故也在座，但他帶著些讀物，坐在遠處翻閱，沒看張五常一眼。

史蒂格勒首先發言，簡略地介紹了張五常，給他十五分鐘的「引言」時間。張五常張口說：「這篇文章是我研究佃農理論的副產品。那理論的結論是，在資源的運用上，佃農合約與其他合約沒有什麼不同，可能是因爲在開始推理時我沒有拜讀前輩的著作。」只說了這幾句，史蒂格勒就大聲說：「這證明洛杉磯加大的老師沒有好好地教你經濟思想史。」大家都知道史蒂格勒是在說笑話，於是哄堂大笑起來。

張五常正要說下去，但大家一看史蒂格勒開了口，就迫不及待地發問或批評了起來。張五常說：「幸而，每個問題或批評都有人替我回應。在兩個多小時的熱烈爭辯中，我自己除了開場說的那幾句話之外，就再也沒有說過什麼了。替我辯護最極力的是史蒂格勒和艾爾欽。在整個過程中完全沒有發言的，是寇斯和達瑞克特。」

討論會之前，張五常失眠數夜，但到頭來只聽見他人爭辯兩個多小時，鬧得亂哄哄的，究竟他的文章是否被認為有點價值，就難以判斷了。第二天午餐，張五常在餐廳裡遇到達瑞克特，當時張五常與達瑞克特不熟，只知道他聲名遠播。達瑞克特忽然走到張五常的身邊，輕聲地說：「你昨天那篇文章，是幾年來我讀過最好的一篇了。」說完後沒等張五常回應就走開了。張五常呆了一陣，掏出手帕，掩飾地抹了抹快要流下來的眼淚。

八、躬逢芝大最鼎盛時期

張五常表示，能有機會與寇斯討論自己的研究工作，得到寇斯熱情的協助與鼓勵，是他在芝加哥大學時的一項大收穫。事實上，整個芝大學術氣氛的濃厚，思想創新上的緊張刺激，是張五常生平所僅見。一九六〇年代的芝大在學術上是處於至高處，那裡的經濟學系、商學院與法律學院，三者打成一片，高手雲集，每天的學術「節目」忙得不可開交，午餐之聚成為一種研討會議，而晚上的酒會也是如此。

作為一個博士後的初級教授，張五常在芝大時，其實是個學生。爭取知識與思想啟發的機會那麼多，張五常從早到晚可說疲於奔命，晚上的酒會（每星期總有一、二次為來訪的學者而設的）會後，帶著睡意回到住所，稍事休息，又得坐下來工作。張五常指出，在經濟學的歷史上，似乎只有兩個年代、兩個地方，有那樣熱鬧的思想「訓練所」，一是一九三〇年代的倫敦經濟學院，另一個就是一九六〇年代的芝大。

張五常從一九六七到一九六九年在芝大，能身臨其境地躬逢其盛，他自認爲「算是不枉此生」。

張五常在芝大時，芝大經濟學系主任是哈伯格（A. Harberger），他跟張五常說，依他的看法，當時該學系的強大史無前例！的確，當時弗利曼和史蒂格勒正如日中天，舒爾茲（Theodore Schultz, 1902~1998，一九七九年諾貝爾經濟學獎得主之一）寶刀未老，詹森（Harry Johnson, 1923~1977）旁若無人，孟代爾（Robert Mundell, 1932~2021，一九九九年諾貝爾經濟學獎得主）是供給學派的鼻祖，還有格雷里屈（Z. Griliches, 1930~1999，生產力的名家）、傅戈（Robert Fogel, 1926~2013，一九九三年諾貝爾經濟學獎得主之一）和日本學者宇澤弘文（H. Uzawa, 1928~2014）等等傑出學者齊聚一堂。

這樣鼎盛陣容，其實還只是當時芝大經濟學家中的一部分，在商學院內，傑納（A. Zellner）和泰爾（Henri Theil, 1924~2000）是經濟學、統計學大宗師，法瑪（Eugene Fama，二〇一三年諾貝爾經濟學獎得主之一）與米勒（Merton Miller, 1923~2000，一九九〇年諾貝爾經濟學獎得主之一）正把當今大行其道的財務投資學發揚光大。在法律學院，則有寇斯和達瑞克特坐鎮，當時的無名小卒有傑克呵

（Z. Zecher）、蘭迪斯（W. Landes）、帕克斯（R. Parks）、馬克羅斯基（Deirdre McCloskey）、迪瓦特（E. Diewert）、拉佛（Arthur Laffer，著名的拉佛曲線創始者），以及張五常。

張五常說：「是的，在芝大時，差不多每一個同事都可以是我的老師。這樣的求學際遇，天下到哪裡去尋？在那眾多的亦師亦友中，我最接近的是寇斯，他很願意在我的思想上花時間，而我對眞實世界的興趣與他相同。我當然希望他能引導我的思想，但在另一方面，他那不知從何而來的創見著實吸引我。我從小對一個思想的形成就感興趣，於是，我和寇斯在芝大校園漫步時，我不厭其詳地追尋其思想的根源，而他也不厭其詳地回答。」

當時張五常對寇斯的創見中特感興趣的，可不是那後來聞名於世的寇斯定理，而是寇斯早期的廠商理論。廠商（或公司、商業機構）究竟是什麼？爲什麼會有廠商的存在？廠商的功能何在？這些大有意思的問題，是奈特在一九二〇年代時發問的。到今天，我們不僅還在提出這些問題，而且這些問題的整體，還是經濟學在一九八〇年代最熱門的話題，這些話題之所以會在一九八〇年代末頻頻出現，說起來倒不是因爲奈特，而是因爲寇斯在一九三一年寫成，卻拖到一九三七年才發表的那篇〈廠商的本質〉。

張五常感嘆說：「該文眞可說是一篇奇妙之文。第一次閱讀，似乎清楚明白，但多讀幾次，就不大了了。再讀，更覺得深不可測。我讀了十多次後，得到這樣一個看法：寇斯執筆寫此文時只有二十一歲，他當時思想還不夠成熟，因爲『廠商』是眞實世界的事，二十一歲的青年不可能有深入的體會。另一方面，在認識寇斯之前我早已肯定：奈特以風險來解釋廠商的存在不可能對，而寇斯以交易成本做解釋則不可能錯，問題只是哪一種交易成本起了些什麼作用而已。」

在芝大校園裡，張五常重複又重複地問寇斯，他在一九三〇年與一九三一年時，每一個月主要在想些什麼。很幸運地，寇斯收藏了不少他當年的書信和筆記，爲了回答張五常的問題，寇斯就重溫私人「檔案」，一點一滴地告訴張五常，有時「檔案」有所欠缺，兩個人就按著「上文下理」，推敲缺少的究竟是什麼。

張五常依循寇斯的思維進展來繼續他對廠商的研究。從一九六七年到一九八二年的十五年間，張五常斷斷續續地想著有關廠商本質的問題。在這個發展過程中，張五常認爲寇斯昔日的大作有錯漏的地方。畢竟是二十一歲寫的經濟文章，縱使是天才絕頂，錯漏是難以避免的！

一九八三年，張五常爲寇斯的「榮退」發表了〈廠商的合約本質〉。那是他認識寇斯十七年後的作品。受了寇斯的感染，張五常在「廠商」這個題材上想了十六年。該文一氣呵成，是張五常自認滿意之作。該文的主要結論是：我們無從知道廠商爲何物，寇斯所說的廠商，只不過是另外一種的合約安排，這種安排是爲了要節省產品議價的交易成本。值得一提的是，合約或契約理論到二十一世紀受到重視，由二〇一六年諾貝爾經濟學獎項頒給哈佛大學教授哈特（Oliver Hart）和麻省理工學院（MIT）教授荷姆斯壯（Bengt Holmström）兩位鑽研合約理論（contract theory）的學者，可以得到印證。

寇斯在讀了張五常那篇文章後，寫了封信給張五常，說道：「你那篇文章是我多年來能學到一點東西的唯一文章，但我不同意你的一個結論。你說不知道廠商爲何物，我卻認爲是可以知道的。」

很可惜的是，該文發表之後，張五常就沒能和寇斯面對面詳談。寇斯認爲知道廠商爲何物，卻從未對張五常解釋是什麼，縱然彼此書信往來好幾次，兩人卻得不到彼此都同意的結論，如今寇斯已仙逝，當然就不可能有答案了！

九、張五常給兒子取寇斯的名字——羅納德

對張五常思想有深遠影響的人之中，以世俗的「正規」觀點而言，有幾位算不上是他的老師，像寇斯和弗利曼，但他們都不否認張五常是他們的學生，於是張五常也就引以為榮的不加以反對。張五常也沒選修過艾爾欽和赫舒拉發的課，但他們都認為張五常是他們最好的學生，張五常也就樂得以學生自居，高舉他們的名字，在行內過過癮。

張五常表示，不論是正規的老師也好，半師半友也好，他都能從他們的思想中得到新的啟發，有所領悟，這是人生樂事。有了這些啟發和領悟不一定可以賺到錢，或足以謀生，但可使學者在思維上進入一個新境界、新天地，覺得自己平添一份生命力，比豐衣足食重要得多。思想的生命比肉體的生命要重要得多，那些壓制思想，搞什麼「思想教育」的制度，實在是人類應引以為恥，應受我們鄙視的！

張五常說他屢遇名師，可說是天之驕子。他舉例說，經濟學上的「均衡」究竟是什麼？寇斯認爲該概念乏善可陳，可有可無；艾爾欽認爲「均衡」是指有解釋能力。在他們的啟發下，張五常就加以推展而得到自己的「均衡」概念：所謂均衡者，是有足夠指定的局限條件，使推理的人能建立可以被推翻的假說。張五常的這個均衡概念，經濟學的書本及文章從來沒說過。他認爲這不重要，重要的是，他自己覺得有一個新的領悟，使自己覺得生命多了一點意義。

張五常再舉另一個例子，產權經濟學——新產權經濟學——創始於一九六〇年代，衆所公認，創始者是寇斯和艾爾欽。得到他們兩人親自教導的，天下間只有張五常一人，可說是奇遇也！

張五常遇到寇斯時，寇斯已五十七歲，沒有孩子，寇斯的全名是羅納德．寇斯。一九七二年，張五常的兒子出生，想起沒有孩子的寇斯，就替其兒子取名爲「羅納德」。寇斯非常高興，不厭其詳地問到小孩子的情況。張五常的兒子逐漸長大，每隔一段時日，寇斯就關心地問其發展。張五常的回應是：「大小羅納德大有相同之處：想像力豐富，對事喜歡投入，有持久思考的耐力，但表面看來卻是笨拙得很！」寇斯聽後，高興極了。

張五常說，他記得當他兒子出生時，以書信通知師友，他們一見「羅納德」這個名字就哈哈大笑，知道是怎麼一回事。一位加州大學教授回信問：「Coase（寇斯）這個姓氏，若翻譯成中文，是否與『張』字相同？」

到一九九〇年，兩個羅納德彼此都未見過面，張五常的幾次刻意安排會面，都因爲碰上其他較重要的事情而取消。一九九〇年八月，張五常接受邀請去瑞典，要在當地五年一度的諾貝爾研討會上，宣讀一篇關於產權與交易成本理論的文章。雖然瑞典那邊沒有明講，但張五常意識到他們想爲產權經濟學頒發一個諾貝爾獎給應得者，希望張五常能對寇斯和艾爾欽的思想加以闡釋，或品評一下。張五常自然是感到義不容辭。

不過，對張五常來說，還有一件很重要的事：寇斯那一年已八十歲了，仍未見過張五常的兒子。相差六十二歲且神交已久的一老一少，還沒有見過面，而該年八月的瑞典之會，寇斯也會去。寇斯和貝克（Gary Becker, 1930~2014，一九九二年諾貝爾經濟學獎得主）被選爲張五常那篇文章的評論者。張五常覺得那恐怕是他兒子和寇斯——相隔兩地，互相關心的一老一少——會面的唯一機會了。於是張五常就去信給瑞典諾貝爾委員會的一位主事者說，他那十八歲完全不懂經濟學的兒子也要同行，躬逢其盛，而且希望能聽到他父親和寇斯的講話，可否破例將就一下？得到的回答是，絕對歡迎。因爲這位主事者早知道，除了有名的羅納德外，還有另一位羅納德。

十、寇斯終究沒能親臨中國

二〇一三年九月二日，寇斯辭世於美國伊利諾州芝加哥市，享年一〇三歲。九月十日，張五常寫了一篇悼念長文。開頭就說：「我們不會爲一個在地球上活了一〇二年多的人的辭世感到悲傷。」張五常自己一直注意著寇斯的病況：幾個星期前跟寇斯通了電話，知道寇斯的思想清晰依舊，但隨著病情反覆，希望與失望幾番交替，油盡燈枯，一個學者可走的路是走完了。張五常說，他認識的經濟學者都奇怪地長壽。

對於寇斯的去世，張五常不悲傷，但非常惋惜：「寇斯終究沒到中國來。一個熱愛中國九十多年的人，認爲炎黃子孫的天賦與文化皆獨步天下，但多災多難，落後貧困那麼久，心境難平，聽到他期望了那麼久的中國奇蹟終於出現，怎可以不到中國來看看呢？去年他近百歲的太太謝世，自己可以到中國來了。我對他說，既然沒有後人親屬，在哪裡謝世都一樣。」

航空公司說沒有問題，護照過期要再辦，張五常的太太找到一間很舒適的賓館套房，也跟一些醫生朋友打了招呼。提到寇斯，張五常的中國朋友都站起來，因爲他們早已熟悉寇斯，並對寇斯非常敬仰。張五常選了二〇一三年十月大假之後，天氣可人，要到哪裡漫遊，到哪些大學見一些學子，到了中國再打算。張五常知道寇斯喜歡多見中國的青年，也知道不少中國青年想見到寇斯。張五常的美國朋友說，每次寇斯提到將要到中國，都很興奮。張五常說：「可惜終究還有這點遺憾！」

上文已提過，張五常在一九六二年底才讀寇斯一九六一年發表的〈社會成本的問題〉，當時受到震撼。因爲一九六二年張五常讀了很多關於外部性（externality）的文章，老是不明白，求教於幾位老師，他們怎麼解釋也無法讓張五常明白。讀到寇斯的這篇宏文後，他對自己說：「怎麼完全不是那回事了？外部性的諸多理論是搞什麼鬼的？經濟理論的結構豈不是錯得一團糟？」

一九六八年，寇斯和張五常在芝加哥成爲好朋友，張五常向寇斯解釋爲什麼他認爲寇斯的〈社會成本的問題〉將會革新經濟學的整體。寇斯很高興，就在他的一九九一年諾貝爾講詞中提到張五常對該文的看法。多年過去了，經濟學眞的革新了嗎？張五常的答案是：「愈革愈差！」這是他決定寫《經濟解釋》的一個原因，於二〇一三年寫寫停停，共寫成四卷六十萬字，終於革新了經濟理論的整體結構。

寇斯是個奇怪的人，這是張五常在認識寇斯之後才知道的。寇斯完全不知道「外部性」是怎麼一回事，沒有聽過 "externality" 這個詞！爲此，張五常在一九七〇年發表〈合約結構與非私產理論〉長文，但內容其實只是說：「蠢到死，沒有外部性這回事！」這受到不少責難，但迄今該文還在，還可在好些研究院的讀物中見到，而批評者已不見了。

張五常認爲寇斯的〈聯邦傳播通信委員會〉一文，是比〈社會成本的問題〉更好的文章，張五常跟巴塞爾這樣說過，而巴塞爾讀〈聯邦傳播通信委員會〉後，寫信給張五常說：「天下到哪裡去找那麼好的經濟學文章？」張五常對學子們說：「要知道什麼才算是學問，跪下來拜讀〈聯邦傳播通信委員會〉這篇文章吧！」

寇斯對中國有所偏愛，這連張五常也搞不明白，而大家都喜歡把寇斯和張五常連在一起，張五常對此也不明白，因爲他和寇斯相聚的時間其實短暫。一九八二年寇斯榮退，《法律與經濟學期刊》要集文祝賀，張五常交去的〈廠商的合約性質〉被放在第一篇。一九八七年英國的*The New Palgrave Dictionary of Economics*出版，由張五常寫〈寇斯〉這一項。一九九一年寇斯獲頒諾貝爾經濟學獎，張五常夫婦獲邀赴瑞典，張五常在諾貝爾獎得主雲集的宴會中，代替需要休息的寇斯上臺講話，夫婦倆花了三萬港幣做晚禮服，還被指定是要怎麼樣的款式。張五常投訴，但邀請方說：「不會浪費，你們還要再穿的。」但到哪裡再穿呢？長長的燕尾、古怪的襯衣，張五常說，一百年後其孫兒的孫兒或可拿去拍賣。

一九八〇年十二月，美國經濟學會（AEA）年會在美國底特律舉行，寇斯約見張五常。兩人在賓館喝咖啡的地方坐下來，寇斯簡單的說：「聽說中國有可能改革，你要回到中國去。」張五常對這突如其來的要求，一時無以爲對。過了好一會兒，寇斯解釋說：「沒有人懷疑你在美國的學術成就，但中國需要改革，他們不會知道怎樣做才對。經濟制度的運作你可能比任何人都知道得多，又懂中文，他們不改無話可說，但如果眞的要改，你回到中國的貢獻會比留在美國大。」

過了幾個月，香港前財政司託人通知張五常，香港大學經濟學講座教授的位子將要空出，要張五常考慮。寇斯知道此訊息後，催促張五常申請。一九八二年五月，張五常到香港大學就任，他知道要放棄用英文動筆了。不過，張五常沒有用中文寫過文章，怎麼辦呢？

一九七九年十月，張五常以中文發表〈千規律、萬規律，經濟規律僅一條〉一文，係張五常口述，由朋友執筆的，內容說的是：在無數決定競爭勝負的準則中，只有市價不會使「租値」消散，而市價只能在資產屬私有的情況下才出現。該文沒提到寇斯，因爲寇斯從來不管租値消散，而張五常自己則到數年後，才成功地把租値消散和交易成本畫上等號，打開了另一扇窗。

一九八二年，張五常應英國經濟事務學社（IEA）之邀，寫了《中國會走向「資本主義」嗎？》（*Will China Go "Capitalist"?*）小書，是用英文寫的，有中譯本，但不是張五常譯的，因當時他還未用中文寫文章。該書多處提到寇斯，介紹寇斯的交易成本和權利界定觀念。後來張五常決定以中文動筆，係因《信報》主筆林山木（林行止）「拍心口」說，每篇文章他會親自過目。就這樣張五常開始用中文寫作，一口氣在《信報》寫下足以結集成三本書的文章：《賣桔者言》（1984）、《中國的前途》（1985）以及《再論中國》（1986）。

張五常說，他都很用心的寫，而他的文章的確獲得普遍好評，一時之間洛陽紙貴，連北京當局都大量複印，把《中國的前途》和《再論中國》每本複印了兩千冊，蓋上「內部閱讀」印章，這讓張五常感到高興。一九八四年一月發表的〈從寇斯定理看共產政制〉一文，收集在《賣桔者言》。這三本結集書籍中的大部分文章都或明或暗地牽涉到交易成本與權利界定。

要將市場經濟運作正確地介紹給中國人民，有如把一種物品向他們推銷，到底要選哪個牌子及怎麼樣的包裝才有成效呢？這是張五常思考的大問題。整個二十世紀信奉市場的經濟大師，張五常幾乎全都認識，也知道他們都樂意讓他用他們的名字。張五常自問：「多年以來，影響中國的思想家差不多全部是西方名字，我要把哪位朋友的名牌打出去推銷呢？」

張五常的指導教授艾爾欽是產權經濟學之父，但他的重要貢獻是產權與競爭的關係，解釋起來不會一招打中中國需要改革的命脈。弗利曼是自由經濟的頂級大師，但提到「自由」，北京會說「我們也有」，何況該詞從局限約束的角度看，解釋很麻煩。而「私產」一詞當然不能用，就是「資本主義」，也是北京人的大忌。寇斯又如何呢？他提出的觀點與角度夠新奇、有深度，也可以完全避開當時在中國的意識型態之爭。因此，張五常集中於「交易成本與權利界定」這兩項寇斯的看家本領入手。

張五常早在一九八〇年代，就利用了他在二〇〇八年爲寇斯寫的〈中國的經濟制度〉中的內容進行推銷。一九八五年，張五常由寇斯的思維路線指出，資產的所有權不重要，但資產的使用權與收入權重要，建議北京要讓所有權與使用權分離，而使用權要清楚地界定權利誰屬。一九八六年張五常在北京首都鋼鐵廠做了「兩權分離」的建議及解釋的講話，張五常離開後幹部大肆開罵。不過，次年鄧小平卻推出同樣的兩權分離的建議，說那是「中國式的社會主義」，是不是受到張五常的影響呢？只有天曉得！

張五常不相信經濟學者有本領改進社會，更不同意改進社會是經濟學者的責任。他認為經濟學者的職責只是解釋世事或現象，或者解釋什麼樣的政策會導致怎麼樣的效果。張五常說他不是一個改革者，他在抗日戰爭時差點餓死在廣西，但仍對國家關心。三十年來張五常寫下無數的批評或建議，都只不過是為了這點關心而已。他說，如果他執著於他的北京朋友接受他的建議，不會活到今天。張五常強調他絕對不同意凱因斯在《一般理論》這本天書結語中對「觀念威力」的看法，亦即「政治狂人只不過是一些死去了的經濟學者的思想奴隸。」

張五常的一些北京朋友說，一九八〇年代中期起，中國幹部凡事收費是源自於他一九七九年發表的那篇〈千規律〉。張五常反問說：「你相信嗎？幹部收錢需要我教你信不信？馬克思有影響昔日的中國嗎？我認為影響了採用『共產』一詞，但僅此而已。我看不到毛澤東的思想與政策跟《資本論》有明顯的關係。是凱因斯影響了政府大手花錢嗎？還是政府要大手花錢才捧出凱因斯？」

張五常之所以說這些話，爲的只是要說一句他認爲中肯的判斷：「如果歷史上眞的有一個經濟學者曾經影響了一個重要國家的經濟，如果眞的有，那麼寇斯影響了中國是我首選的實例！他提出的使用權利要有明確界定的原則，在土地的使用上，這些年在神州大地隨處可見，比我知道的所有其他地區都要明確。法律怎樣說是一回事，實踐如何是另一回事。不要忘記，人民公社的日子還算不上是歷史，如果依照歷史的時間表，中國使用權利界定的轉變恐怕要用上兩百年！」

二〇一三年六月，香港大學成立不久的「寇斯產權研究中心」的幾位學者飛到芝加哥去拜訪寇斯，高齡一〇二歲的寇斯老人家還有魄力與智力跟他們談了四個小時。談話中該中心的主事者問寇斯：「你對我們這個中心有什麼期望呢？」寇斯想了一會兒，說道：「希望你們能產出幾個張五常。」

寇斯很不滿意三十年來經濟學的發展，這幾年他屢次要求張五常把他認爲是「好的經濟學」在中國發展起來。張五常覺得這是寇斯的一廂情願，希望渺茫。不過，近來張五常卻覺得機會不是零。張五常舉例說，二〇一三年九月他遇到一位在北京大學念經濟本科第四年的十七歲女孩子，對他的論著讀得很熟，提問很有水準，她說同學都在讀張五常的《經濟解釋》巨著，其他一些中國的大學也都出現了相同情況。張五常深信，只要中國的同學樂意讀、細心地讀，互相研討、爭議，並且堅持下去，寇斯的希望會實現。張五常鄭重強調：「我是用盡心機在寫《經濟解釋》的！」

寇斯去世後，跟了他十五年當助手的王寧打電話給張五常的太太，說寇斯死前說他的遺物——書籍、書信、文稿之類——要全部交給張五常。張五常說，他如果拿到這些遺物，會請人整理好，找一間適當的博物館放進去。

「蓋棺論定」是中國的古話。張五常說：「以我之見，一個明顯的定論是寇斯的名字會寫進中國將來的史冊上。一定的，但不一定的是因爲寇斯對中國改革的貢獻——思想貢獻永遠是問號。我肯定寇斯會名留中國青史的原因，是他對中國衷心的愛，對中國人的眞誠關懷，很多中國的青年學者知道，今天變得有口皆碑了。中國將來的歷史是由這些青年學者和他們的子子孫孫寫出來的。」

張五常感性的說：「是的！『以愛傳世』是多麼美麗的故事！」

第三章　寇斯的經濟思想與學術貢獻

自稱「意外的經濟學家」的寇斯，在求學的過程中，由羅賓斯爵士所引介的兩位名學者的名著，對他產生重大影響，一是奈特教授的巨著《風險、不確定性，以及利潤》，寇斯由之產生對經濟組織和經濟制度的興趣；二爲威克斯提（Philip Wicksteed, 1844~1927）的《政治經濟體系的常識》（*The Common Sense of Political Economy*），開啟寇斯不需求助於高深數學，即能分析受限制的選擇之神奇能力。

寇斯的研究領域就是一般經濟學，在長達七十多年的學術生涯中，雖然發表的著作不少，共有五本書（四本合著）、近六十篇論文、六篇評論，但較爲人熟知的只有一本書和十二篇文章。書籍是一九五〇年由哈佛大學出版社印行的《英國的廣播——獨占事業的研究》；文章按發表的先後次序爲：一九三七年發表於《經濟學刊》的〈廠商的本質〉；一九三八年刊於《會計》的〈企業組織和會計〉；一九四六年登在《經濟期刊》的〈邊際成本論爭〉；一九五九年發表於《法律與經濟學期刊》的〈聯邦通信傳播委員會〉；一九六〇年刊在《法律與經濟學期刊》的〈社會成本的問題〉；一九六一年再於《法律與經濟學期刊》發表的〈英國郵局和信差公司〉；一九七〇年發表在《貝爾經濟學期刊》的〈公用事業訂價理論及其應用〉；一九七四年在《法律與經濟學期刊》上發表的〈經濟學上的燈塔〉；同年又在《美國經濟評論》發表〈商品市場和思想市場〉；一九七五年刊於《法律與經濟學期刊》的〈馬夏爾論研究方法〉；一九七七年發表在《法律研究期刊》的〈廣告與自由言論〉，以及一九七九年刊載於《法律與經濟學期刊》之〈廣播和電視中的賄賂〉。

一、量少質優高瞻遠矚的著作

以量而言，由於寇斯的每篇文章都不超過四十頁，縱使計入所有的著作，也算「少」；但就質來說，卻是價值高得難以衡量，幾乎每篇文章都具有原創性。若就個別文章的重要性排列，以〈廠商的本質〉和〈社會成本的問題〉兩篇最特出，也分別是寇斯成名及奠定不朽地位的大作。前者發表於一九三七年，僅二十頁，且是寇斯在二十一歲以旅遊獎學金赴美國時就有腹案的，當時的寇斯還未大學畢業呢！這篇巨作在發表近四十年之後才被學術界重視，可見寇斯具有高瞻遠矚的超時代能耐。

寇斯認爲，在市場中的交易有頗高的成本，在某些情況下市價難定。因此，即使在私產制度下，資源的運用往往無法靠市場指引。定價的成本是交易成本中的大項，舉凡量度、訊息、討價還價，以及保障承諾等都要成本。由於交易成本高而市價難定，於是出現廠商來替代市場，廠商組織裡，經理或監督者指導資源的運用，免掉多種市價的決定。因此，廠商的出現，目的就是要節省交易成本。値得注意的是，在寇斯的理論裡，廠商和政府是同性質的，有些廠商的結構往往與政府的結構相同，因而可將政府看成一家大公司；不過，只有政府才能擁有軍事武力，這是一項最重要的差別。經濟結構愈複雜，市場的價格機能就愈昂貴，廠商就應運而生，這種推論法得到一個對於「集中」的新看法，由於集中而形成規模經濟和降低交易成本。但此與反托拉斯（anti-trust）政策所依據的一些原理相衝突，而且集中度也有某種程度的限制，否則也會產生「規模不經濟」。這篇在一九三七年發表的論文重要性與日俱增，此由一九六六至七〇年只被引用十七次，一九七一至七五年增多至四十七次，到一九七六至八〇年跳升爲一〇五次，可見一斑。

〈廠商的本質〉解釋了廠商的起源，而一九六〇年的〈社會成本的問題〉則解釋了財產權的起源。市場機能固然是資源配置最有效率的方法，但爲了有效運作，市場上必須有確定的、獨有的，並且可以自由轉移的財產權，否則，爲了支付磋商資源配置所花的成本，就會大到不堪負荷。在此種推理下，法律經濟學就應運而生，因爲從研究財產權的經濟學家來看，法律是一種社會活動，它訂出規則，以降低交易成本，增加經濟剩餘。這些規則能夠促進交換的順利進行，因規則能在原本所有權不清楚的地方賦予新的財產權，此舉不但降低決定資源的成本，結果亦使資源可更有效使用，交換也更有利。而且，規則訂立了共同的規範，譬如度量衡的標準化，可以減少交易中的不確定情況，因而降低交易成本。這裡所涉及的法律，特別是指「商業法」和「結社法」，有了它們之後，創辦工商業的成本和經營成本便可減少。

就在這般的演進下，法律可作爲一個制度來分析，有了法律，在處理稀少資源的分配時，所用的資源將會比沒有法律時來得節省，而法律經濟學也從而產生，並有波瀾壯闊的發展。此學理並不僅止於理論上的探討，更有實際用途。譬如：環境汙染和交通擁擠這些現代化社會所頭痛的問題，並不是資本主義制度的必然結果，而是未將財產權的觀念充分應用之故。解決之道不是要遏阻工業化，而是創設新的財產權，經由技術和法制的進步，使目前難以配置的財產權可以私有化。有一個重要問題是，由誰擔當制定法律、執行法律的功能？很自然的，「政府」這個特殊組織就被搬上檯面。與此課題關係重大的是，政府干預、管制的必要性和適度性，而更根本的，則涉及市場機能的功效，以及經濟學派興衰的大課題。在進行談論這些課題之前，還是應由〈社會成本的問題〉這篇不朽之作談起。

大致說來，一九二〇年以前，當庇古的《福利經濟學》未問世時，市場機能使資源達到最有效率柏拉圖（Pareto）境界的看法毋庸置疑；但庇古提出的「外部性」（externality）和「社會成本」（social cost）概念瓦解了這個城堡。因爲個人行爲在有意或無意間都有外部效果出現，好的效果（如香水味）並不會對他人造成傷害；但譬如抽菸者所造成的「二手菸」，就會傷害到其他人。這種「將自己的快樂建築在別人的痛苦上」，就會有外部成本存在。由於行爲者個人不會把這些代價算入自己的成本中，從而出現「無效率」生產，若任由市場機能運作，也就達不到柏拉圖最適境界，也就是所謂的「市場失靈」（market failure）現象。爲了彌補此種失靈，讓資源回到有效率使用，庇古認爲由「爲全民謀福祉」的政府出面，對汙染者課稅並訂定課稅標準就可做到。從此以後，政府干預有堅強的理論靠山，而干預層面則日益擴大。這在一九八○年代末就受到「公共選擇」學者的強烈質疑，而且提出「政府失靈」（government failure）比市場失靈更嚴重的結論。

就在福利經濟學挾著校正市場失靈的神聖任務，將政府搬上經濟舞臺充任校正主角時，寇斯卻已對該角色質疑。在〈社會成本的問題〉文章中，他就經由推理和舉例說明方式反覆推敲，認爲社會成本不只是由生產者移向社會這種單向關係而已，事實上生產者也有損傷。一方面社會固然由「非意願」的產出所傷，另一方面，生產者也難免從租稅調節市場失靈的過程中受傷。以庇古所舉的例子，到底應該是廠商可以付費得到汙染環境的權利，抑或是附近居民有權要求或出價要求業者降低，甚至停止汙染或搬離該地？寇斯的答案是：汙染者和受汙染者互相協商，才是最有效率的解決之道。不過，仍需出現「創造市場供作協商之地」的機構，按理說，政府就是扮演這種中立者角色。此外，還須有判定「環境財產權誰屬」的機構，並涉及政府是否就是這個機構的問題。

因此，寇斯雖然使市場機能復活，但也並未否定政府有其積極角色。問題是：如何扮演才恰當？對於這個問題，寇斯非常慎重處理，而且傾向於壓抑政府膨脹的古典觀點，由他對郵局、電信等公用事業的嚴厲批判也可見其端倪。不過，由於財產權的判定致使法律能減低交易成本的說法得到伸張，演變到現今，先進國家多如牛毛的各式各樣法令，以及各種管制機構的氾濫，不但不能達到降低交易成本的原始目的，反而平白限制了個人的交易自由，對效率的打擊導致交易成本大增的不良後果，恐怕不是寇斯提出該篇劃時代巨作時所能預料的。由寇斯在一九七〇年代發表文章反對管制、呼籲「解除管制」來看，也許正是晚近「無政府自繇主義者」的靈感依據吧！

無論如何，寇斯的這篇一九六〇年大作，的確是威力無邊而影響深遠，相較於一九三七年的原創性文章更有過之，一九六六至七〇年被引述九十九次，一九七一至七五年增爲一八六次，一九七六至八〇年激增爲三三一次。由該文所奠定的「寇斯定理」，據說與「賽伊法則」（Say's Law）齊名。這篇文章所延伸出來的影響，在一九八〇年代，共產集權在中國和蘇聯的牽引下，紛紛倒向民主自由經濟體制之轉變的解釋上，更有其時代意義。這方面的貢獻首推張五常教授，他將交易成本分爲「制度運作」、「制度轉變」兩種，推出中國經改只能像「過河卒子」，唯有「勇往向前」的不歸路可走之結果，也正可用來解釋蘇聯和東歐諸國的改革。不過，對於轉變過程所產生的痛苦代價，如何將其減輕，或如何告知當事人了解這種必經的痛苦，以期待美好的明天，也許正是這些先知須再接再厲的課題。

由於〈社會成本的問題〉這篇巨著關係重大，引起學者熱烈討論，質疑和讚揚者皆有，但寇斯直到一九八八年才做了綜合性回答，那是收錄在《廠商、市場與法律》的〈闡釋社會成本的問題〉一文，再扼要將「寇斯定理」解析，內容之精彩，自然不在話下。

在政府力量的膨脹方面，「共用財」（public goods）的提供及「自然壟斷（或獨占）」的存在，一直是重要的護身符。寇斯在這兩個課題也有突出見解，他根本不承認有自然壟斷這回事，似乎隱含有「所有的獨占或壟斷」都是政府一手導演之意。對於共用財的課題，他更以英國的實際資料研究私營燈塔的實地經驗，證明「私營」不但可行，還遠優於公營，而打破共用財應由政府提供的神話。全球如火如荼的民營化運動，也正是寇斯理論的另一印證。

寇斯的其他文章也都富於「原創性」。一九三五年和佛勒（R. F. Fowler）合作的〈英國的豬肉生產和豬的循環週期〉一文，對通用的「蛛網理論」提出質疑，因該理論等於承認生產者無知，認爲他們對於市場價格不斷做出錯誤的預測而不知改正。寇斯和佛勒還認爲，投機者的平價和套利活動可以改變這種錯誤，他們的文章裡，運用了「理性預期」和「資產市場效率」這兩個現代的經濟概念。前者觸動二十年後穆斯（J. Muth）提出理性預期的概念，也可間接說是二十世紀末大放異采的「理性預期學派」先驅。

寇斯還對電信事業做過深入研究，極力反對政府控制廣播事業，也提議用價格分配廣播波段。寇斯發現，十九世紀英國曾有某些公司爲顧客提供信差服務，而英國郵局爲了保障本身的專利，不惜壓抑這些服務；上述的燈塔這種「共用財」，亦由寇斯舉證認爲私人經營更有效率。因此，寇斯對於政府用其「有形之手」經營公用事業，以及提供共用財，大表不敢苟同。寇斯也進一步反對政府以稅收來彌補公用事業，在一九四六年於《經濟期刊》上發表的〈邊際成本論爭〉文章裡，指出公用事業的效率不應只由邊際成本和邊際收益的關係決定，也應由總收益和總成本之比較來決定。如果公共投資項目的虧損有稅收填補，怎知投資是值得進行呢？除了上述諸種入世論作外，寇斯也對經濟思想史做過研究，對於亞當·史密斯和馬夏爾這兩位古典和新古典經濟學大師的思想有獨到分析，其中也顯示寇斯本人的人性觀和方法論，是研究經濟思想史不可錯過的文獻。

以上是對寇斯思想觀念和重要著作的綜合評述，接著再引介寇斯對自己思想理念和三篇重要論文的扼要陳述，這是寇斯在其《廠商、市場與法律》一書中的第一章〈導論〉之內容。

二、寇斯的經濟理論

寇斯坦率地說，他的看法未被普遍認同，他的許多論點也沒有人能夠了解。他雖表明一方面要歸咎於他個人表達能力的不足，但其實他相信主因並非在於他沒有表達清楚，因爲他的文章論點十分簡單明瞭，裡面的命題幾乎可以看成是不辯自明的眞理。經濟學家會拒絕接受那些命題或無法明白那些命題，有可能是由於大部分的經濟學家觀察經濟問題的方法，與寇斯的方法不同，因而對於被觀察的事物之本質有不同的認知。寇斯深信這是千眞萬確的事實。

有關經濟學的本質，目前最具代表性的觀點，寇斯認爲可以用羅賓斯（Lionel Robbins）對經濟學的定義作爲代表。羅賓斯說：「經濟學是一門行爲科學，探討人類如何利用具有多種用途的稀少資源，以期達成其目的。」此定義把經濟學界定爲人類從事選擇行爲的科學。事實上，包括羅賓斯在內的大部分經濟學家，他們的著作中所謂的選擇問題，其範圍遠比此定義所隱含者要來得狹隘。不過，貝克指出，羅賓斯對經濟學的看法不必然如此狹隘；貝克認爲經濟分析方法（economic approch，貝克取的名字）能夠更爲廣泛地用以探討社會科學的問題，而且我們也應該朝那個方向去努力。貝克自己的一些著作就是最好的例子，他成功地把經濟分析方法運用到其他社會科學領域裡。寇斯指出，貝克在這方面的成就，引發了這樣一個問題：「何以經濟學家所使用的行頭竟有這麼多種用途？」

經濟理論中，寇斯特別有興趣的是有關廠商、產業以及市場的部分。這個部分以往被稱爲價值與分配理論，現在則被稱爲價格理論或個體經濟學。這部分經濟理論的架構相當精細且高超。經濟學家應用這些理論，針對一些問題提出了很有價值的見解。經濟學家研究消費行爲（即消費者如何決定購買何種商品或勞務的行爲）跟消費者的所得，以及這些商品與勞務價格間的關係。此外，經濟學家也研究生產者的行爲，探討生產者在生產要素價格、最終產品的需求，以及產出與生產要素之關係已知的情況下，如何決定使用何種生產要素、生產何種商品或勞務、使用多少生產要素、生產多少商品或勞務。這些分析立基於兩個假設：消費者在追求效用（實際上不存在的物體，寇斯猜其作用就像古典物理學中的以太（ether）」極大化，而生產者在追求利潤或淨收入的極大化（後一假設比前一假設較有事實根據）。消費者與生產者的決策如何取得協調，則是交換理論探討的主題。

有關經濟分析方法的內涵，上文已做了很詳細的說明，惟我們不應因而忽略此分析方法最重要的特質，那就是此方法探討的是如何選擇的問題。此理論的用途之所以如此廣泛，就在於此特質。貝克就曾指出，「經濟學與其他社會科學最大的不同點，不在於探討的對象，而在於分析的方法」。如果經濟學（或個體經濟學）中的這些理論，構成一套可用以分析選擇行爲決定因素的方法（寇斯相信事實的確如此），則不難了解何以這些理論也可以應用到人類的其他選擇行爲，例如：法律或政治。就這層意義而言，經濟學家並沒有特定的研究對象。經濟學家發展出來的這套方法與其研究對象是分開（或可以分開）的。事實上，人並不是唯一會做選擇的動物。無庸置疑地，其他動物，如老鼠、貓與章魚等，也與人類一樣在設法追求效用之極大。因此，同一套分析方法也可以應用到這些動物身上。所以，有人曾經發現，價格理論也可以用來解釋動物的行爲。

然而，寇斯覺得，經濟學家對於選擇理論之研究的專注，雖將促使法律、政治科學與社會學等方面的研究更有活力，卻對經濟學本身造成一些嚴重的負面影響。理論與研究對象的分離，造成了一些不良的後果，其中之一就是經濟學家的研究對象並不是他們所要分析的主體，以致他們的分析缺乏任何具體內涵。經濟學家探討的消費者並不是人，而是滿足一致性條件的一組偏好：誠如史雷特（Martin Slater）所言，對經濟學家而言，廠商「實際上可以定義爲一條成本曲線與一條需求曲線，而廠商理論只不過是廠商如何訂定最適價格與生產要素組合的一套理論罷了」。至於交易，經濟學家並沒有交代是在何種制度下進行，因此，經濟學家眼中有消費者而沒有人，有廠商而沒有組織，甚至有交易而沒有市場。

經濟理論裡所謂的理性而且追求效用極大者，與日常生活中我們所看到的「人」大相逕庭。我們沒有理由假定，大部分的人都在設法追求什麼事物的極大，除非我們指的是煩惱：而就算是追求煩惱，人們也沒有做到百分之百的成功。奈特曾經把這個想法做了很好的說明：「……經濟學家認爲……人們努力工作與思索，目的在於解決煩惱；此說法至少有一半事實恰好相反。人們花在自尋煩惱的時間或心思，幾乎與追求快樂的時間或心思一樣多。……一個人若沒有事情讓自己傷腦筋，就會想辦法製造一些出來，例如：從事有趣的遊戲、談戀愛、準備征服某個敵人、獵獅或前往北極等。」

寇斯認爲，人們的偏好，與人類的祖先（他們也許不能被劃歸爲人類）過著數百萬年漁獵生活時的偏好一模一樣：這些偏好是在當時那種環境下有助於人類生存的。所以，也許社會生物學家（以及他們的批評者）的研究，將來能把人類本性的特徵詳細描繪出來，使我們能夠推導出人類的偏好，作爲經濟學家進行分析的起始點。如果能做到這一點，則有關消費需求與其他經濟行爲的分析當能做得更爲完善。然而，不管人類的選擇係決定於哪些因素，就一群人而言，在絕大多數情況下，某個東西的（相對）價格上漲，對該物品的需求量就會下降。我們只要了解這麼多就夠了。在這裡，價格指的並不一定是貨幣價格，也包括很廣義的價格。人們決定是否要穿越危險的通衢大道，走到對街的餐館去吃飯時，不管這些人理不理性，我們確信，穿越馬路若變得愈危險，則愈少有人願意冒這個險。我們也相信，若有較不危險的替代品，例如：陸橋，則願意穿越馬路的人當會減少。此外，若穿越馬路所得到的好處變得愈爲可觀，穿越馬路的人當會增多。價格理論的內涵，就是將前述分析推展至一般情況。寇斯認爲，前述分析並不需要假定人們是理性且在追求效用之極大。惟前述分析並沒有告訴我們，何以人們會選擇這樣做或那樣做？我們不知道何以有人會冒生命危險去買份三明治。不過，我們知道，當喪命的危險性增加到某一程度，這個人就會放棄這個樂趣。

寇斯的論文，沒有一篇談及人類偏好的特質。誠如前面所述，寇斯相信，必須等到社會生物學家以及經濟學界以外的其他學者從事更廣泛的研究之後，經濟學家才可能處理這個問題。然而，經濟學家不但把人類本質看得如此缺乏內涵，在他們的研究中具有關鍵性地位的組織，他們對它的處理也如出一轍。這些組織指的就是廠商與市場；此兩者合起來構成經濟體系裡的組織結構。在主流派的經濟理論中，大都假定廠商與市場已經存在，而不把這兩者當作探討的對象。職是之故，在決定哪些活動由廠商來做，而哪些活動係透過市場來進行時，具有舉足輕重地位的法律也就被忽視了。當今經濟理論的主幹就是選擇理論，而選擇理論是具有廣泛適用性的。寇斯論文的特點，在於應用現有的經濟理論，探討廠商、市場與法律在經濟體系運作過程中所扮演的角色。

三、廠商

在當代經濟理論中，廠商係一個將投入轉換成產出的組織。廠商何以會存在？決定廠商家數的因素為何？決定廠商行為（如買什麼要素？銷售哪些產品？）的因素為何？大多數經濟學家對這些問題都沒有什麼興趣。在美國、英國與其他西方國家，大多數人都受僱於廠商；大部分的生產活動也都在廠商內部進行；整個經濟體系運作得是否有效率，也跟這些經濟個體內部活動有相當密切的關係。因此，經濟學家對於廠商的問題如此漠不關心，實在令人感到十分訝異。寇斯寫〈廠商的本質〉一文的目的，就是為廠商之存在提供一套理論基礎，並且指出廠商的活動範圍決定於哪些因素。雖然那篇文章曾被廣泛引用，但文章裡的觀念還沒有被經濟學家用來作為分析的工具。要解釋何以廠商會存在，以及廠商會從事哪些活動，寇斯發現需要引進一個新的觀念。在文中他將這個觀念稱為「使用價格機能的成本」，也就是

「在公開市場進行一項交易的成本」，或簡稱爲「行銷成本」（marketing costs）。在寇斯的〈社會成本的問題〉一文中，他用「市場交易成本」來闡釋同一個觀念。這個名詞後來在經濟學文獻中被稱爲「交易成本」（transaction cost）。寇斯當時的想法可用下面這段話來說明：「爲了進行一項市場交易，人們必須尋找他願意與之進行交易的對象；告知交易的對象與之進行交易的意願以及交易的條件；與之議價並敲定價格；簽訂契約；進行必要的檢驗以確定對方是否遵守契約上的規定等等。」道爾門（Carl J. Dahlman）使用「搜尋與訊息成本（search and information costs）、議價與決策成本（bargaining and decision costs）、檢驗與執行成本（policing and enforcement costs）」等詞來描述交易成本，使得交易成本的概念更爲明確。交易成本的概念，在大多數的當代經濟理論中仍付之闕如。

寇斯認爲，不使用這個概念，實在無法了解經濟體系的運作，也不能分析經濟體系中的許多問題或制定可靠的政策。由於交易成本的緣故，想要進行交易的人會採行一些措施，只要這些措施的成本小於所節省的交易成本，他們就都會採行。人們會跟哪些人交易、簽訂何種契約或提供哪些產品或勞務，都會受交易成本大小的影響。不過，人們爲了因應交易成本問題，所採取的做法中，最重要的也許就是廠商的出現。

在那篇〈廠商的本質〉中，寇斯指出，生產活動雖然可以透過個人間的契約關係完全獨立地進行，但由於個人間簽訂契約進行交易需要成本，只要這些交易活動在廠商內部進行的成本小於在市場上進行者，廠商就會出現，把這些原本經由市場進行的交易，改由該廠商來安排。在廠商內部進行交易的成本，等於在市場交易的成本時，廠商規模就已達到極限。交易成本決定廠商購買什麼、生產什麼以及銷售什麼。由於經濟學家通常並不使用交易成本這個概念，也就難怪使用這個概念的分析方法難以被接納。如果我們不談廠商，改談市場，我們就更能了解經濟學家何以會有此一態度。

四、市場

寇斯表示，經濟學家宣稱，有關市場的運作也是他們研究的對象，惟在現代經濟理論中，市場本身所扮演的角色，遠比廠商還不起眼。馬夏爾（Alfred Marshall）在他的《經濟學原理》（*Principles of Economics*）一書中，雖然有一章名為〈論市場〉（On Markets），但那一章僅是些泛泛之談，並沒有深入探討市場問題。一個可能的原因是，馬夏爾刻意把那個主題保留下來，並在後來寫成一本書，名為《產業與貿易》（*Industry and Trade*）。當代的教科書，僅僅分析市場價格的決定，而有關市場本身的探討則付之闕如，這看來似乎有點奇怪，其實不然。市場這個組織的存在，是為了方便交易者進行交易，也就是在於降低交易成本。經濟理論如假定交易成本不存在，市場就不具有什麼功能了。因此，經濟學家在建立交換理論時，會使用一些奇奇怪怪的例子，例如：在森林外面進行以硬果交換蘋果的交易等，並把這些交易過程分析得鉅細靡遺，也就沒有什麼好奇怪的了。這樣的分析，確實能告訴我們，爲什麼交易會給交易雙方帶來好處，卻無法告訴我們決定交易量與被交易之物品的因素爲何。此外，每當經濟學家談起市場結構時，他們指的並不是市場這個組織，而是廠商家數與商品差異性等；至於社會組織，這個有助於交易進行的組織所可能產生的影響，則被完全忽略了。

市場是由企業家建立起來的，市場之出現已經有很長的一段時間。在中古時代的英國，市集與市場需要國王的特許才能設立。籌設市集或市場的人，不但要負責提供設備，也要負責安全維護工作；尤其是在政府力量不強、社會動盪不安的時代，更是有此需要。此外，他們也須提供解決交易爭端的法庭。直到現在，市集、市場或展覽館仍然所在多有，而在英國，提供這些活動往往是市政府的職責之一。但隨著商店以及由民間零售商與批發商所經營之類似場所的大幅成長，市集與市場的重要性自然日漸下降。由於政府提供了安全維護與更進步的法律體系，舊市場的所有者不必再擔負那些工作。不過，一直到十九世紀末葉，仍可見到一些殘存的餡餅粉法庭。

傳統市場日漸式微，新市場的出現，在現代經濟社會扮演著重要的角色。這些新市場，就是商品交易市場與股票交易市場。這些市場通常由一群交易商所組成，這些交易商爲交易所的會員，各自擁有一些硬體設備以進行交易。所有的交易所對交易活動都有相當嚴密的管制，如交易時間、交易的物品、交易雙方的義務、清償的條件等。此外，這些交易所也設置解決爭議的機構，並處罰違反交易所規定的交易者。值得注意的是，經濟學家談到完全市場（perfect market）與完全競爭（perfect competition）時，經常舉這些交易市場爲例。然而，這些市場上的交易卻受到高度管制，而這些管制又與政府的管制有別。寇斯確信，由此可見，完全競爭要存在，必定要有一套繁複的規定與管理方法。經濟學家一看到交易活動受到管制，往往就認定有人企圖壟斷市場或減少相互競爭。對於這些管制，他們忽略或不重視另外一種詮釋：這些管制措施的目的，在於降低交易成本以增加交易量。

亞當．史密斯曾經這樣說：「商人的利益……無論是哪個行業，總是多少（甚至完完全全地）與社會大衆的利益產生衝突。擴大市場與減少競爭永遠是商人利益之所在。擴大市場通常與社會大衆的利益一致，但減少競爭必定違反社會大衆的利益。」亞當．史密斯對減少競爭之管制措施大加撻伐，由於措辭有力，似乎使我們忽略了一件事實，那就是商人基於自身之利益，也會採取一些擴大市場的管制措施。也許這是由於亞當．史密斯沒有注意到這個問題。然而，寇斯相信，管制有擴大市場的功能這個問題之所以會受到忽視，還有另外一個原因。壟斷或貿易障礙（如關稅）問題，可以很簡單地用一般價格理論加以分析，而由於這些理論忽略了交易成本，自然難以將降低交易成本的影響納入理論分析之中。

很顯然地，現代的市場要能順利運作，不僅要提供一些硬體設備以進行買賣交易，還要建立法令規章，以界定交易雙方的權利與義務。這些法令規章，可以由設立這些市場的人士訂定，大部分的商品交易所就是這樣。這些交易所面臨的主要問題，就是如何與會員達成協議，以及如何執行他們自行制定的規章。就商品交易而言，由於在同一地點進行交易，而且交易的商品項目有限，比較容易達成協議。至於規章之執行，由於對交易者而言，能在交易所進行交易這件事本身就是極有價值的，因此，只要祭出取消在交易所交易之權利這個法寶，就能使大部分的會員遵守交易所的規定。如果交易的地點很分散，設立交易所者甚多，而且彼此利益頗不一致，例如：零售商與躉售商，則要建立與維持私部門的法律系統就相當困難。因此，在這些市場進行交易者，必須依賴國家的法律系統來保護。

五、社會成本的問題

寇斯的〈社會成本的問題〉這篇文章，係探討有關法律如何影響經濟體系運作的問題。這篇文章的出現，有助於我們了解經濟理論的狀況。在那篇文章之前，寇斯發表了另一篇文章——〈聯邦通信傳播委員會〉。在該文中，他主張美國不應該由行政部門指定收音機廣播頻道的使用者，而應該利用公開競標的方式，將使用權授予出價最高者。不僅如此，他還進一步探討，得標者應該可以取得哪些權利。過去因爲經濟學家把生產要素看作是物理單位，如幾噸肥料、幾畝土地等，因而往往把這個問題視爲理所當然。然而，對於買賣行爲，律師習慣上都將之視爲是一件關係到一組權利的買賣。寇斯之所以會採取律師所用的方法，來探討收音機廣播頻道的問題，理由其實很簡單。在某特定頻道上傳送電波，其傳送效果，與此頻道以及鄰近頻道使用者之使用目的息息相關，因而很難將使用頻道的權利籠統地以物理單位表示。除非先界定此頻道與鄰近頻道之使用者的權利，否則無法正確地算出使用特定頻道者究竟應該支付多少錢。寇斯首先在〈聯邦通信傳播委員會〉中探討此問題；後來又在〈社會成本的問題〉對此問題做更詳細的分析。當時由於許多經濟學家，尤其是芝加哥大學的經濟學家，讀了他的〈聯邦通信傳播委員會〉後，認爲其中的論點有誤，爲了說服這些人，寇斯才在後來那篇文章裡對此問題再做一次比較完整的探討。

寇斯發現，使用上述方法分析收音機廣播頻道的分配問題十分管用。將此方法用在經濟學家比較熟悉的問題上，應該也不會有什麼困難。如果某個人有權在某塊地上蓋一間工廠，而他若有意蓋，通常也會取得不許他人在那裡播種小麥的權利。如果工廠蓋好並開始營運，當會產生噪音與排放黑煙，工廠的主人也會希望擁有這樣做的權利。工廠主人會選擇設置在某個地點而且製造噪音與排放黑煙，是因爲在那個地點生產，並且採取那種生產方式可以獲得較高收入。當然，工廠主人若有權利這樣做，這塊地就無法做農業用途，有些人也無法享受寧靜的環境與乾淨的空氣了。

如果從事某項活動的權利可以買賣，最後取得這些權利的人，往往是那些對這些權利（不管是生產或享樂）評價最高者。在這個交易過程中，透過權利的取得、分割與結合，最後這些活動之成果的市場價值會最高。某個人取得並運用這些權利，必然會使那些認爲取得代價太高的人失去生產或享樂的機會。無庸置疑地，經由權利的取得、分割與結合以組成一組新的權利所帶來的好處，必須與進行這些交易活動所需的成本比較；只有在這些交易成本小於其好處時，這些活動才有可能採行。

這個分析方法釐清了一件事情，那就是決定土地之用途的權利，與某些權利，如在某特定地點排放黑煙，在分析上並無不同。正如擁有在某地蓋工廠之權利者，往往也擁有不在那裡蓋工廠的權利；擁有在某地排放黑煙的權利者，也往往擁有禁止人們在該地排放黑煙的權利（例如：自己不排放黑煙，而且也不將此權利轉讓給會排放黑煙者）。人們會如何運用這些權利，則取決於誰擁有這些權利，以及擁有這些權利者是否與別人簽訂契約。如果最後的結果是透過市場交易來達成，這些權利的使用者，往往是對這些權利評價最高的人，惟權利移轉過程中所產生的交易成本必須加以扣除。所以，交易成本在決定權利如何被運用的過程中，扮演十分重要的角色。

〈社會成本的問題〉一文，對上述觀點做了相當有系統的介紹。該文在經濟學文獻中曾被廣泛地引用與討論，惟該文對經濟學界的影響，並沒有寇斯預期的那麼好。過去的分析，大部分集中在該文的第三與第四節，甚至僅局限在所謂的「寇斯定理」的探討，而忽略了其他部分。在該文的第三與第四節，寇斯分析的是一個沒有交易成本之世界裡的問題。他這樣做的目的，並不在於描述在那樣世界裡的生活會如何，而是在於使得理論分析的架構較爲簡單。更重要的是，寇斯的目的在於明白地指出，交易成本在構成經濟體之組織的形成過程中所扮演與應該扮演基本角色。

寇斯分別探討兩種不同的情況：一是廠商必須對其行爲導致其他廠商遭受損害負起賠償之責；另一種情況則否。寇斯用以說明的例子，也是他的批評者使用的例子，是有關牧場主人的牛群侵入鄰人田地踐踏農作物的問題。寇斯證明，當交易成本爲零，而且每個人的權利都有明確的界定時，資源的分配在上述兩種情況下並無不同。如果牛群的主人必須賠償農作物的主人所遭受的損失，他自會將這些費用算入他的成本裡。然而，如果牛群的主人不必負起賠償之責，則農作物的主人當會願意支付一些錢（直到等於受損之農作物的價值），以誘使牛群主人制止牛群踐踏鄰人的農作物；牛群的主人若繼續養牛並讓牛群踐踏鄰人的農作物，他等於放棄了那筆錢，因此那筆錢成爲牛群主人繼續飼養那群牛的成本。在這兩種情況下，踐踏農作物所造成的損失，對牛群主人造成之成本的增加量都會一樣。惟寇斯同時也指出一個在後續討論中位居十分重要地位的因素，但批評者往往將這個因素忽略掉了。即如果牛群主人必須負起賠償之責，則牛群主人也有可能遊說農場主人放棄栽種或改種別的作物；只要這樣做能使得損害得以減少的數額大過農作物價值下降之數額（不包括受損的部分），農場主人就有可能會放棄栽種或改種別的作物。此外，牛群主人也有可能採取其他措施，例如構築籬笆，以減少農作物的損失；如果其成本低於損害得以減少的數額，他們也會這樣做。因此，「在計算養牛的成本時，其他地方之生產價值的下降額度，我們所需考慮的部分當會遠小於牛群（原先）可能造成的損失」。寇斯所下的結論是：「如果價格制度之運作不必花費任何成本，則最後的結果（此結果將使產值臻至極大），並不會受到法律規定的影響。」這個結論被史蒂格勒正式命名為「寇斯定理」。以史蒂格勒的話來表示，寇斯定理就是：「在完全競爭的情況下，私人成本就會等於社會成本。」

沒有交易成本的世界非常奇特。史蒂格勒提到「寇斯定理」時，曾這樣說：「沒有交易成本的世界，就像沒有摩擦力的物理世界一樣地奇怪。獨占者會因得到補償而表現得像在完全競爭市場中一樣。保險公司也不會存在。」在〈廠商的本質〉一文中，寇斯證明，在沒有交易成本的世界裡，廠商的存在就找不出經濟上的理由。在〈社會成本的問題〉一文中，寇斯證明，沒有交易成本，法律如何訂定就無關緊要，因為人們可以不花費成本去取得權利、分割權利或是結合權利，以提高產品的價值。

在那種世界裡，經濟體系裡的那些組織，就沒有任何實質內容或實質意義可言。張五常甚至認爲，如果沒有交易成本，「將私人財產權的假定拿掉，也不至於推翻寇斯定理。」這個看法是千眞萬確的。有一點較不常被人注意到的是，如果進行交易不必花費任何成本，我們可以用一瞬間去體驗永恆。

花太多時間研究沒有交易成本的世界會有什麼特質，似乎沒有太大的意義。寇斯的論點的確告訴我們，要分析現實世界，必須將經濟體系存在交易成本這個事實明白地納入考慮。但寇斯的文章還沒有發揮這樣的作用。期刊上許多這方面的文章，主要集中在「寇斯定理」的檢討，而這個定理是關於沒有交易成本之世界的假說。學術界的反應雖然令人失望，卻是可以理解的。寇斯定理所探討的是沒有交易成本的世界，而這正是現代經濟理論探討的世界。因此，縱使這樣的世界可能產生的問題，與現實世界風馬牛不相及，經濟學家處理起來，卻覺得十分自在。

經濟學家對寇斯理論的一些批評，也是相當容易了解的，因爲如果寇斯的理論是對的，這表示現代經濟理論無法回答許多寇斯的理論想要解答的問題。這樣令人洩氣的結論，當然很難得到認同，因而寇斯的理論會受到抵制，也是可以料想得到的了。寇斯認爲，對寇斯定理或他在租稅措施上所做分析（他在〈社會成本的問題〉一文中最受經濟學界重視的部分）的反對意見，有些是不正確的，而有些是無關緊要的，還有一些是無的放矢。由〈闡釋社會成本的問題〉一文中，可以看到寇斯之所以這樣主張的理由。寇斯定理探討的，是交易成本被明白地假定（或隱約地假定）爲零的情況，這樣的理論，對於發展一套足以解釋交易成本爲正之現實世界的理論而言，只是一個初步的工作。職是之故，寇斯認爲，要建構一套這樣的理論，首要之務就是摒棄目前爲大多數經濟學家所採用的分析方法。

六、邊際成本定價

在〈邊際成本論戰〉一文中，寇斯分析了邊際成本定價方案。經濟學界對該方案的支持，正足以凸顯當代經濟學家的分析方法。支持邊際成本定價方案的，不是一群默默無聞或不被看重的經濟學家；相反的，這些支持者，有些是經濟學界最負盛名的經濟學家。這方面的文章，在美國最早是一九三八年霍特林（H. Hotelling, 1895~1973）寫的。在英國，最具影響力的支持者爲勒納（Abba P. Lerner, 1903~1982）。勒納在一九三〇年代就有這方面的著作，但遲至一九四四年才將這些著作發表出來。第二次世界大戰期間，任職於英國內閣辦公室經濟組的米德（J. E. Meade）與佛萊明（J. M. Fleming, 1907~1995），在一次有關國營事業之經營問題的研討會中，撰文鼓吹邊際成本定價。當時擔任《經濟期刊》（*Economic Journal*）編輯的凱因斯（J. M. Keynes），看到他們的文章大爲激賞，將該文刊登出來。鼓吹邊際成本定價的經濟學家，除霍特林、勒納、米德、佛萊明與凱因斯之外，還有很多人，但光是這幾個人的名字已足以令人肅然起敬。

邊際成本定價的理論相當具有說服力自不待言，否則也不會被那麼多位傑出經濟學家所接受。該理論的邏輯基礎不難解釋。製造產品所使用之生產要素的成本，爲這些生產要素在其他用途可以創造的價值。除非價格等於成本，否則，即使對消費者而言，產品價值大於生產要素在別的地方可以創造的價值，消費者也不一定會要該產品。消費者不但要決定消費什麼，而且要決定消費多少，因而價格必須等於多生產一單位產品的成本，也就是邊際成本。誠如薩繆爾遜（Paul A. Samuelson, 1915~2009）所言：「只有當產品價格等於邊際成本時，經濟體系才算眞正由其擁有的稀少資源以及有限的技術中榨取了最大的產出。……由於邊際成本具有決定最適狀態的性質，可審愼地用以偵測任何機構有無效率。」基於這些理由，許多經濟學家認爲，所有產品的價格，必須等於邊際成本。

如果生產者的平均成本隨產量的增加而增加，則邊際成本定價法可帶來足夠的收益以支應總成本。事實上，在此情況下，通常透過競爭就足以使得價格等於邊際成本，並不需要政府的介入。然而，如果平均成本隨產量的增加而下降，以致邊際成本小於平均成本，則價格等於邊際成本並不足以帶來足夠的收益以支應總成本。爲克服此困難，有人建議政府課稅以補貼該企業；補貼金額爲總收益不足以支應總成本的部分。〈邊際成本論戰〉那篇文章指出這一政策的缺點。

因爲有無窮多的商品或勞務的平均成本隨產量的增加而遞減，而且並不是平均成本遞減的產品均應接受政府補貼，政府必須決定供應哪幾項產品。主張實施邊際成本定價的人士，提出一套解決上述問題的辦法：政府（或企業經營者）先估計，當產品售價等於邊際成本時，消費者的需求數量以及所願意支付的金額是多少。如果消費者所願支付的總金額可以支應總成本，政府就付給生產者實際從消費者手中取得的金額與生產該產品之總成本的差額。

寇斯覺得，這個辦法既古怪又容易造成嚴重的無效率。既然我們已知消費者願意支付的金額足以支應生產該產品的總成本，政府卻不要求消費者付出他們所願意支付的金額，這不是很奇怪嗎？由於消費者不必支付那麼多錢，我們要估計他們眞正願意支付的金額時，可以使用的資訊將十分有限，可能因而造成無效率。再者，這些估計値是否正確，隨後並沒有經過市場的檢驗，因而進行這項工作的人，可能不會審愼從事，更有可能造成政治因素的介入，以致影響政府是否補貼某項勞務的決策。這種辦法開啟了大規模浪費的方便之門。這種政策也造成所得的重分配，對平均成本遞減之產品的使用者有利。此外，實施此政策必須開徵新稅，以致造成必須繳交新稅之商品或勞務的價格高於其邊際成本。結果爲了使某些產品的價格不高於邊際成本，卻使得另一些產品的價格高於邊際成本。此政策的淨效果究竟如何？寇斯覺得並不是顯而易見的。他在〈邊際成本論戰〉一文中就強調這個論點。

不過，從那時開始，寇斯已體會到，威爾遜（Tom Willson）在《經濟期刊》那場論戰的初期提出的一個觀點，確實十分重要。威爾遜指出，財務自主權與行政組織間的關係十分密切。假使政府提供補貼，政府當會記錄補貼的金額，因而多多少少會介入受補貼之產品的行政管理。所以，邊際成本定價政策容易造成以國營事業取代私人企業，結果造成以中央集權經營方式取代分權式經營方式。政府行政管理往往十分不當，以致造成無效率。邊際成本定價政策最嚴重的缺點，可能就是這方面的無效率。如果私人企業與分權式的經營方式有助於提高經營效率，則企業財務之自主是必要的；而企業財務之自主，卻與邊際成本定價政策水火不容。

一般而言，邊際成本定價政策並沒有什麼益處，然而，該政策在經濟學界卻廣受支持。此現象究竟該如何解釋呢？寇斯相信，這是由於經濟學家使用的研究方法所造成的。經濟學家所用的研究方法，寇斯稱之爲「黑板經濟學」。邊際成本定價政策，是在黑板上實施的。教授假設執行此政策所需的資訊是可以取得的，而執行此政策的工作則完全由教授擔任。教授在黑板上訂定價格、課徵租稅，以及分配補貼的金額，以期提高全民福利，然而，在實際經濟社會裡，並沒有人扮演類似的角色，沒有任何人被賦予像老師在黑板上所做的工作。在老師心目中，必然認定現實世界中的政府扮演的就是那個角色，但事實上，沒有任何政府部門單獨且鉅細靡遺地管制一項經濟活動，或詳細地協調不同部門間的工作。現實生活裡，有爲數衆多的廠商與政府，他們有各自的利益、政策與權限。政府執行其經濟政策有許多手段，如建立（或取消）另一個政府機構、變更法令、實施證照制度、授權司法部門對某些事務的管轄權、將某個產業收歸國有（或開放國營事業）等。政府部門的職責，就是在執行經濟體系之功能的各種社會組織中，挑選出比較合適者。

寇斯表示，黑板經濟學當然需要高深的智能才能了解，對經濟學家而言，這套東西也有助於提升他們的研究能力，但黑板經濟學卻誤導我們對經濟政策的思考方向。在研究經濟政策時，我們須探討的是，經濟體系在不同制度架構下如何運作。而要探討經濟體系在不同制度架構下如何運作，我們需要一套與當代經濟學家不同的研究方法。

七、庇古派傳統與當代經濟分析

福利經濟學是經濟學的一個分支，係探討政府在管制經濟體系之運作過程中所扮演的角色。現代福利經濟學主要是根據庇古（A. C. Pigou, 1877~1959）在一九二〇年出版的《福利經濟學》（*The Economics of Welfare*）一書。其實，該書大部分的論點，與庇古在一九一二年出版的《財富與福利》（*Wealth and Welfare*）一書重複。

在〈社會成本的問題〉一文中，寇斯指出，庇古的基本看法是，如果經濟體系出了毛病，解決的辦法就是政府採取某些行動。庇古在表達此看法時，雖有一些保留，但這可以代表他的基本看法。有人覺得，寇斯對庇古的批評過於尖銳，但寇斯相信他的批評基本上是正確的。爲了證明庇古的研究方法的本質，寇斯分析《福利經濟學》一書第二部分的第二十章。此章名叫〈公共部門的介入〉（Intervention by Public Authorities）。在〈社會成本的問題〉中，寇斯並未討論這一部分。

庇古關心的問題，就是能否藉由政府的介入來提升國民所得。庇古說：「在任何產業，如果我們相信，讓人類的自利心自由運作，投資在該產業之資源的數量，不足以使得國民所得獲致最佳的結果，就有初步的證據支持公共部門介入資源配置活動。」庇古接著指出，這當然只是初步的證據。庇古又說：「把私人企業未受規範時可能產生的調適不良的部分，拿來和經濟學家在他們的研究中想像出來的理想情況做比較，顯然不足以作爲公共部門介入的充分條件。我們不能冀望任何政府部門能達成那個理想，或冀望這些政府部門會全心全力去追求那個目標。與私人企業一樣，政府部門的人員也會因無知或部門壓力而犯錯，或因自利心而貪汙舞弊。」

不過，庇古認爲，公共部門介入所可能產生的缺點，會因時因地而異。庇古曾引述馬夏爾的話說，在當時的英國，誠實與無私的社會風氣較以往有所改善，一般選民也比較有辦法防止當權者濫用他們的職權。庇古說：「這個重要的事實，表示當時的政府部門介入任何活動，產生正面效果的可能性要較以往爲大。」庇古又說：「除了改善現有政治制度運作效率之外，我們也應認眞思考如何創造較佳的政治制度。」

就管制或經營企業而言，市民代表機構或者其他類似機構，則有四項缺點：(1)選舉這些市民代表的目的，主要不是在於介入企業經營；(2)市民代表經常換人；(3)他們管轄的區域並非依商業目的來劃定；(4)這些市民代表往往會面臨選民提出不當要求的壓力。然而，庇古認爲：「這四項缺失可以用最近發明的方法加以克服，如委員會（Commission）或特別委員會（ad hoc Board）……委員會的成員可以根據任務的需要，特別選定適當的人員擔任；任期也可以是長期的；服務地區也可以適當的調整；任命的資格也可以使之免於受選民的壓力。」

庇古舉了州際商業委員會（Interstate Commerce Commission）這個例子。庇古認爲可以下這樣的結論：「這個委員會大體上的表現顯示，當代發展出來的政府部門的組織結構和管理方法，使得政府部門在某些情況下適當地介入產業活動，得以創造了有益的結果，而早期雖在同樣的情況下，政府部門也不適宜干預產業活動。」寇斯認爲，我們不應該「把私人企業調適不良的部分拿來和經濟學家在其研究中想像出來的理想情況進行比較。」由於庇古假設存在一個（幾乎是）完美無瑕的公共部門，庇古這樣做，事實上正是拿理想的情況來和現實的私人企業進行比較。

這些委員會是否可以運作得像庇古所描述的那般完美，庇古對於這一點似乎從來未曾懷疑過。職是之故，庇古雖然一開始就指出政府部門不完美的可能性，但庇古發現了理想的政府部門組織形式，因而，在某些情況下，政府部門介入有可能造成干預比不干預更糟，庇古對於這個情況也就可以避而不談。庇古對於獨立的管制委員會深信不疑，現在看來似乎有點可笑。庇古的這個信念，最早出現在一九一二年的《財富與福利》一書，並不斷地出現在《福利經濟學》一書的每一版本中，堅持不渝。一直到一九五二年（該書加入新內容的最後一版問世的那年），在那四十個年頭裡，庇古似乎從未曾想過，他對委員會的樂觀看法，是否可由後來的一些發展得到驗證。在該書的每一個版本中，州際商業委員會都被稱呼爲州際鐵路委員會（Interstate Railway Commission）；該委員會成立於一八八七年，而在書中庇古卻一直稱該委員會爲「最近發明的」。由此可見，庇古對這個題目並不是真的那麼有興趣。

寇斯指出，由這些事情可以很明顯地看出庇古的嗜好。誠如奧斯汀．羅賓遜（Austin Robinson, 1897~1993）所觀察的，庇古的「主要興趣在於『結果』，而不在於『看法』，在於寫下一個可以實際應用的福利經濟學的理論」，他卻未曾對經濟制度的運作進行詳細的研究。對於特定問題的討論，庇古所依據的似乎就是一些書籍或文章，通常除了這些次級文獻之外，就別無其他見地。在庇古著作中所舉的一些例子，實際上僅是用以說明他的見解，而不是據以作爲立論的基礎。奧斯汀．羅賓遜讀了庇古的著作後指出，庇古「經常在尋找一些例子，以說明他的著作中引用的話」，由此可以了解他做學問的態度。庇古用這種方式尋找例子，也就難怪他經常未能了解這些例子的眞正意義。例如：寇斯在〈社會成本的問題〉中指出，火車頭所冒出來的火花若將鐵道旁的樹林燒毀，樹林的主人不能向火車公司索賠（這是庇古在寫他的書時，英國的法律所規定的，庇古也許略有耳聞），這個現象並不是政府沒有介入所造成的；事實上，這正是政府的規定造成的。

寇斯認爲，基本上，當代經濟學家所用的研究方法，與庇古如出一轍；只不過所用的名稱不同，與現實世界的距離也拉得更遠。薩繆爾遜在他一九四七年的《經濟分析的基礎》（*Foundations of Economic Analysis*）一書中，無異議地總結庇古的看法如下：「……他的理論主張，除非有技術上的外部經濟或不經濟（external economies or diseconomies），否則一封閉經濟體系競爭下的均衡是完美的。若有外部經濟或不經濟，由於個人在做決策時並不會把他的行爲對他人的影響納入考慮，政府似乎就有正當的理由進行干預。然而，這僅限於技術上的因素所造成者（如排放濃煙等）……」。一九八〇年代末在這方面的討論仍然大同小異，唯一的差別就是將「外部經濟或不經濟」一詞改爲「外部性」（externality）。外部性這個名詞，最早似乎是在一九五〇年代由薩繆爾遜所提出。有關外部性，最普通的定義是：一個人的決策對未參與該決策者所造成的影響。因而假使某甲向某乙購買東西，某甲決定向乙購買東西這個決策對乙造成影響，但此影響不被視為是「外部性」。然而，如果甲與乙的交易影響了丙、丁與戊，這些人並非交易的當事人，但卻受到影響，如噪音與煙霧等，則這些影響就稱為「外部性」。值得注意的是，當代經濟學家所謂的政府介入，通常指的是課徵租稅或者直接管制廠商或個人的活動，惟前者較常被提及。

寇斯認為，這個理論有嚴重的缺陷。該理論未能告訴我們，哪些因素決定政府部門介入經濟活動是否有益，以及應該介入哪些活動；而且該理論也未考慮是否有其他可能的做法。職是之故，該理論常常導致經濟學家提出不適當的經濟政策建議。特別是「外部性」的產生，並不表示政府就有正當理由介入經濟活動；也就是說，「外部性」的出現，並不表示政府就理所當然地可以採取租稅或直接管制等方法進行干預，而不必考慮其他的可能做法，例如：不採取任何行動、放棄過去採行的政策或設法使市場運作得更順暢等。

假定某甲在生產某產品時排放黑煙，以致傷害了某乙。如果某甲有權排放黑煙，而甲與乙沒有簽訂任何協定，甚至甲也許不知道有乙這號人物，這就產生了「外部性」。假設政府像庇古想像中的州際商業委員會那麼能幹而且廉潔，則政府該如何做呢？假定乙願意支付給甲一筆錢，要求他不再排放黑煙，如果這筆錢小於甲不排放黑煙所必須負擔的額外成本，則十全十美的政府若想使國民所得極大化，就應該袖手不管，也就是不要用課稅或直接管制的手段，使得甲不再繼續排放黑煙。「外部性」應繼續讓它存在，而不必勞駕政府部門介入。

現在假設乙願意支付的錢大於甲額外增加的費用。首先，我們必須探究的是，何以乙未與甲進行交易，也就是由乙要求甲停止排放黑煙。這項交易似乎可以用甲與乙都覺得有利的條件成交才對。問題應是出在進行這項交易的成本，可能高於這項交易可能帶來的好處。這是實際的情形，則十全十美的政府該怎麼辦呢？有如甲與乙必須將進行交易的成本納入考慮一樣，政府在調查乙願意支付給甲以避免黑煙造成之損害的金額，以及甲防治排放黑煙的額外負擔時，政府所需付出的成本也應納入考量；此外，政府也須考慮擬定政策並加以執行的成本。如果政府進行調查與執行政策的成本相當高，或是執行的結果好壞十分不確定，以致政府介入所產生的預期好處小於介入的成本，則政府不應採取課稅或直接管制的手段，以要求甲停止排放黑煙。另一個可行的做法是修改法令，要求甲須對排放黑煙所造成的損害負責，則甲與乙之間就不需要進行交易。而另外一個可行的做法，就是修改有關契約的法令規定，使得甲與乙的交易成本降低。惟這個完美的政府如果沒有修改這些法令，必定是因爲修改之後會影響在其他情況下的交易，而造成的損害大於此處的任何好處。在這裡所舉的這些假設性的例子中，進行交易的成本與政府介入的成本相較之下，讓「外部性」繼續存在更爲有利，因此，政府部門不宜介入以消除外部性。

寇斯於是說，我們很容易證明，外部性的出現，本身並不足以構成政府介入的正當理由。事實上，由於進行交易有交易成本，而這些成本很大，因此，人們的行爲所造成的影響，有很多是無法經由市場交易來解決的。職是之故，「外部性」將會無所不在。由於政府的介入也有成本，因此，很可能大部分的「外部性」應該讓它繼續存在，才能使得生產價値達到最大。如果政府並非如庇古的理想那般完美，反而像他指出的一般公部門普遍無知、受到壓力團體包圍而且貪汙腐化，則上述的結論就更爲堅強。當「外部性」產生時，政府介入是否有益，決定於經濟體系的成本情況。我們可以想像得到，在某些成本情況下政府介入是有益的，而在某些情況下則否。如果主張說，經濟理論已經證實，政府介入必定是有益的，這並不正確。這是一個實際的問題，由於「外部性」無所不在，這個特性使寇斯相信，我們有正當的理由反對政府介入。一九八〇年代末，美國一些有關管制之效果的研究，從農業以至都市區域規劃的結果顯示，管制後通常使得情況比管制前還要糟糕。這些發現支持寇斯的看法。

「外部性」的概念，在福利經濟學中扮演十分重要的角色，惟結果卻非常糟糕。無庸置疑地，人們在做決策時，對其他人（甚或他們本身）可能造成的影響，有時並未納入考慮。然而，外部性這個概念，現在的人在使用時往往隱含：外部性一出現，政府就必須想辦法將它消除。如前所述，個人與民間機構未將外部性消除掉，唯一的理由，就是由於這樣做的好處會被其造成的損失抵消掉（這些損失包含安排這項交易所需的成本）。如果政府介入之後，消除「外部性」的成本仍高於其好處，則很明顯地最好還是讓外部性繼續存在。寇斯爲了避免讓別人誤以爲他贊同一般的想法，在〈社會成本的問題〉一文中，寇斯從未使用「外部性」這個名詞。他用的是「不良的影響」（harmful effects），而且他也未指出決策者在做決策時，是否將這些「不良的影響」納入考量。寇斯那篇文章的目的之一，確實就是在證明這些「不良的影響」可以像其他生產要素一樣來處理。這些「不良的影響」，有時應該加以消除比較有利，有時則否。要得到正確的結論，並不需要使用像「外部性」這樣的概念。然而，很明顯地，寇斯想使他的理論與主流派理論不要糾結在一起的努力並沒有成功。縱使一些贊同他的觀點的學者在提到〈社會成本的問題〉時，往往也認爲那篇文章是在探討

「外部性」問題。

寇斯指出，我們必須了解，經濟學家在研究經濟體系的運作時，他們探討的就是個人或組織的行爲對於體系中其他人的影響。那是我們探討的主題，如果沒有這些影響，就沒有經濟體系可以研究了。個人與組織爲了提高他們本身利益所採取的行動，有些會對他人有益，有些則有害。人們可能提供勞務，也可能退出勞動市場；可能提供資本，也可能拒絕提供資本；可能排放黑煙，也可能防止排放黑煙；人們也可能採取其他種種行動。經濟政策的目標，就是在確實使得人們所採取的行爲會對全體經濟體系帶來最好的結果。一開始，寇斯假設這個目標與追求總生產值之極大化一致（就這點而言，寇斯是屬於庇古派的）。

人們選擇採取某些行爲，目的完全在於提升自己的利益，因而要改變他們的經濟行爲，就是想辦法使得這些行爲符合他們的利益。除了勸誡之外（這個辦法通常是沒有效的），政府可以做的就是修改法令或是改變行政組織。改變的方式有很多，例如：改變人們可以取得或擁有的權利與義務；更改一些簽訂有法律效力之契約的要件，使得交易的成本提高或降低；或改變對當事人以外的第三者造成傷害的罰鍰等。此外，經濟學家最喜愛的做法，例如：對某些行爲課稅或給予補貼，或者政府直接管制，以禁止某些行爲或要求施行某些行爲，當然也可以納入考慮。法律制度的改變，例如：法院訴訟程序的修改、政府部門功能的重新安排，以及（美國）聯邦政府與地方政府職能的調整等，都會影響經濟體系的運作。律師必然很容易想到還應包括哪些方法。經濟政策包含適當法令規章與行政組織的選擇，以追求生產總值的極大，惟欲確知法令規章的改變對經濟體系機能的影響會有多大並不容易。不過，寇斯指出，由於有一些經濟學家從事所謂「法律經濟學」這個新的研究課題，早已有一些成果。寇斯認爲，經濟學家如能體認到目前經濟理論實在無法令人滿意，則願意加入這個行列，貢獻其智慧的經濟學者人數應當會增加。對於這一點，寇斯頗爲樂觀，事實也是如此。

寇斯強調，經濟政策涉及不同社會制度的抉擇，而社會制度，則是透過法律建立起來，或是依靠法律來運作。大多數的經濟學家對此問題並不做如是觀，他們描繪一個完美的經濟體系，然後把這個體系與他們所觀察到的（或他們認爲他們觀察到的）拿來比較。接著，他們建議應採取什麼方法，使實際的經濟體系達到完美的境界，卻未深入探討如何去完成這件工作。這些分析非常具有創意，但卻飄浮在半空中，寇斯也將之稱爲「黑板經濟學」。很少人深入探討經濟體系究竟如何運作，難怪寇斯發現學者（例如庇古）所提的實例，經常使人造成誤解。較晚近的一個例子，就是米德所提出的。在他那篇經常被引用的文章中，米德舉蜜蜂在果園中授予花粉的例子，說明市場無法解決這種問題。很顯然的，米德並不知道蜜蜂養殖者與果園主人間有著簽訂契約的關係。

關於經濟政策，經濟學家使用的主要研究方法，至少在個體經濟學方面，最足以說明其缺點的例子，寇斯認爲就是他在〈經濟學上的燈塔〉（The Lighthouse in Economics）一文中所舉的有關燈塔的例證。燈塔曾被幾位偉大的經濟學家，從密爾（John Stuart Mill, 1806~1873）至薩繆爾遜，提出來作爲哪些服務應該由政府提供的例子，而在後來一些較不重要之學者所寫的無數教科書中也是如此。然而，寇斯指出，引用這個例子的這些偉大經濟學家，未曾實際去研究燈塔的財務與管理問題，難怪他們對此主題的論斷不是錯誤，就是不清楚，或是引起誤解。而薩繆爾遜比前一代經濟學家更爲極端，他使用當代經濟學家使用的方法，不但認爲提供燈塔的服務無法收費（此點事實上並不正確），而且認爲縱使能夠收費，也不應該收費，因爲邊際成本（多增加一艘船使用燈塔的成本）爲零，而且價格應該等於邊際成本。薩繆爾遜並沒有比較對燈塔收費與不收費，而是探索一般稅收融通所產生的結果有無差異。他一開始就假定一個理想的情況（他認爲在此情況下價格應該爲零），並暗示這是應該想辦法達成的，卻未曾探討這個政策對於燈塔的營運會造成什麼影響。寇斯認爲，以英國的情況而言，由於燈塔的服務必須付費，與由一般稅收融通而不需付費的情況比較起來，實施的結果較能配合船東的需要。寇斯說，他的這個結論是否正確，則是另外一回事，但要證明他的結論不正確，必須進行類似他所做的比較分析，並指他漏掉了某些相關因素，或對於某些效果的評估有誤；不能僅因證明了他的政策建議不符合某些不可能達到的理想，就說他的結論不能接受。

八、需採新研究方法探討經濟政策

在探討經濟政策方面，寇斯建議經濟學家必須採取新的研究方法。不過，僅僅改變研究方法仍有所不足，如果對於不同制度安排可能產生的效果未能有所了解，我們仍無法很理性地在不同制度間做抉擇。要了解不同制度下的表現，寇斯認爲並不必放棄正統的經濟理論；不過，寇斯認爲確實有需要把交易成本引進經濟分析之中，因爲經濟體系中有很多事情就是設計來減少交易成本，或是克服交易成本所造成的障礙，若不將交易成本納入考慮，理論將變得十分空洞。其他因素當然也應該納入考慮，但要使經濟理論更好，有必要多多了解經濟活動實際上如何在進行。由燈塔的例子就可以知道，若不了解事實眞相，經濟學家會錯得多麼離譜。

寇斯指出，我們對於廠商的活動，以及他們在契約方面的安排，知道的十分有限，仍有太多需要去了解。在〈社會成本的問題〉中，寇斯也提出類似的看法。他舉出一些有待研究的課題，例如：撮合交易雙方之經紀人的活動、限制契約效力的效果、大型房地產開發公司的問題，以及政府的市地重劃與其他管制活動等。在寇斯的幾篇文章發表之後，已陸續有很多著作出現，但仍有許多問題有待研究。最讓寇斯感到挫折而亟待解決的工作，就是在「法律經濟學」這個研究課題裡。經濟體系與法律體系之間的互動關係十分複雜，改變法令對於經濟體系的運作會有什麼影響，這正是經濟政策的主要部分，仍有許多是我們尚未了解的。寇斯說，他的論文只不過是指出未來的研究方向，我們現在面對的，則是一段漫長而且辛苦、但會很有收穫的旅程。

寇斯的廠商理論和交易成本理論對於科技創新市場研究和思維產生影響，而寇斯對「思想觀念市場」的分析和看法，對於言論自由領域內的經濟分析思維發展，也產生了一定程度的促進作用，甚至有些學者認爲，要說寇斯的思想觀念市場促成了美國聯邦最高法院改變判決的態度也不爲過！

九、寇斯的「思想觀念自由市場」理念

臺大國家發展研究所劉靜怡教授在二〇一六年十二月出刊的《思與言》五十四卷四期「寇斯專號」上發表的〈回憶寇斯和芝大法學院：從交易成本到言論市場〉一文中就談到這個課題，下文就援引該文第肆節「寇斯的思想觀念市場主張」剖析寇斯的「思想觀念自由市場」理念。

二〇一二年，寇斯曾透過網際網路在一場中國舉行的財經會議上致詞，當時寇斯除肯定中國三十多年前選擇了市場化的改革道路外，還連續說了三遍「我有重要的話要對中國說」。寇斯當時所謂重要的話，就是「中國缺乏思想觀念市場」的問題。

對於言論自由的研究者而言，「思想觀念市場」（the marketplace of ideas）這個比喻，可說是過去百年來美國關於言論自由的司法判決中，最重要的比喻之一。這個比喻源自於何姆司（Holmes）大法官，在博南（Bernnan）大法官一九六〇年代中

期所撰寫的一個協同意見中，進而形成具體輪廓，而何姆司大法官自己使用的用語是"free trade in ideas"，並非"marketplace of ideas"，但兩者實際上意義相近。究竟「思想觀念市場」的意義爲何？此種市場的特徵爲何？這是在法律經濟分析運動逐漸形成氣候之後，才有出自於經濟學觀點的嘗試。

「思想觀念市場」的經濟分析歷史，可說是法律經濟分析運動過程中的偶發現象，而促成這種現象的，則是兩篇純粹從經濟學觀點分析「思想觀念市場」的論文。一篇是達瑞克特一九六四年發表在《法律與經濟學期刊》的〈等同經濟市場〉（The Parity of the Economic Market Place）；另一篇是寇斯一九七四年發表於《美國經濟評論》（*American Economic Review*）的〈商品市場和思想市場〉（The Market for Goods and the Market for Ideas）。這兩位《法律與經濟學期刊》的靈魂人物，可說是巧妙地嘗試運用政治上的自由主義者所偏愛的「政府不應干預思想觀念市場」的基本態度，引導出政治上的自由主義者也應該抱持「政府不得任意干預經濟市場」此一同樣基本立場的推論結果。

自從這兩位法律經濟學開山祖師提出基本概念之後，環繞「思想觀念市場」這一主題的學術論文，可說和法律經濟分析的論述進程同步發展。就波斯納（Richard

Posner）大法官這位法律經濟分析學界的巨人來說，在一九七〇和一九八〇年代兩度爲文，針對「思想觀念市場」這一議題進行論述，可說是法律經濟分析學派對於何姆斯大法官所提出的概念，做了相當透澈分析的代表著作。迄今爲止，也很難看到有人對「思想觀念市場」的法學意涵，提出比波斯納大法官更爲精闢的分析，而波斯納對於「思想觀念市場」的闡述，從發展脈絡來看，很顯然受到寇斯相當大的影響。晚近的法律經濟分析，受到行爲經濟學（behavioral economics）相當程度的影響，從許多經濟學引進了不少側重於心理學面向的分析方法，也逐漸出現從行爲經濟學的分析角度，解釋思想觀念市場何以會產生市場失靈現象的論述。這些後續的發展，也都應歸功於寇斯當年的開拓。

商業言論也應自由

寇斯對於言論自由研究領域的貢獻，並不只是思想觀念這一概念的分析，他對法學家看待「商業言論」（commercial speech）的方式，也曾經深感興趣，因而曾親自爲文挑戰當時美國聯邦最高法院的判決立場。寇斯在一九七七年發表於《法律研究期刊》（*The Journal of Legal Studies*）的〈廣告與自由言論〉（Advertising and Free

Speech）論文中，直指美國實務界和法學界絕大多數認爲「廣告」——亦即言論自由研究領域內所定義的「商業言論」——不應該和其他言論類型，例如：典型的「政治言論」（political speech）受到相同程度的憲法保護，而是應該受到程度較低的保護和管制密度較高的規範。但對寇斯來說，美國法界並未提出足以服人的正當性理由和說理基礎。寇斯的那篇論文，在檢視言論自由的理論基礎之後，認爲由言論自由保護相關的理論來看，無法推論出「商業言論應屬保護較低的言論類型」這一結論。寇斯又認爲，這個結論和言論自由領域長期以來認可的言論自由市場概念，實在相去甚遠，反映出來的是，對於言論自由市場相當有信心，但對經濟層面的自由市場，卻明顯信心不足的矛盾。因此，寇斯質疑此一規範取向很可能只是判決法官特定價值和偏見之下而生的產物。

縱觀歷史，不難發現美國法院的判決中，商業言論原先並不在言論自由的保障範圍內，而且此一歷史可追溯至美國聯邦最高法院一九四二年的Valentine V. Chrestensen這個認定商業言論不受言論自由保護的判決。直到一九七六年的State Board of Pharmacy V. Virginia Citizens Consumer Council這個判決，商業言論在言論自由領域內的價值，才受到美國聯邦最高法院的肯定，被法院認爲其仍然能夠爲民主社會提供人民做出成功決策過程中不可或缺的資訊，而聯邦最高法院這個判決的做成時點，正是寇斯論文發表的時候。這個判決的出現，也將廣告這個商業言論類型，和思想觀念市場上自由流通和競爭的言論價值連結在一起。

寇斯至少自一九七〇年代中期，就開始思索廣告這個經濟市場產物所受的言論自由保障問題。他在一九七七年發表的那篇論文指出，對於大部分人來說，在消費、生產和聘僱關係上擁有選擇的自由，和在思想觀念領域擁有選擇的自由，其實具有同等重要性，這也正是廣告的重要功能之一。即使退一步假設思想觀念市場的重要性高於商品或服務市場，政府針對經濟市場採取管制措施，若以創造出更佳決策結果爲目的，我們也應考量何以思想觀念市場所需的政府管制，如何能和商品或服務市場不同。因此，寇斯認爲言論自由領域的思想觀念市場前提，應該延伸適用於經濟市場，而美國聯邦最高法院在一九七六年以前認爲的廣告這類商業言論類型不受言論自由保護的判決立場，應該被推翻才對。縱然從一九七六年以來，美國聯邦最高法院在承認商業言論受言論自由保護的判決先例下，對於商業言論的定位，依然偏向於容許政府採行比較嚴格的管制，也就是商業言論自由和被歸類爲「高價值言論」的政治言論依然有別，但寇斯在商業言論保護方面所提供的論述貢獻，卻不容忽視。

雖然寇斯期待美國聯邦法院對商業言論能賦予和其他類型的言論相同程度保障的願望，迄今未能實現，但他此一期待所著重的「平衡」取向，在美國聯邦最高法院的判決中，早已具體呈現，而且過去多年來法院透過諸多判決不斷思考和賦予商業言論的言論自由意涵，應該就是寇斯所期待的。而後代學者對商業言論所涉及的諸多因素究竟應該如何平衡看待，不斷進行辯論，不僅是寇斯思想觀念市場理念的具體實踐，也應合乎寇斯期待的發展方向。

無論寇斯對於言論自由和商業言論自由所提出的主張是否具有足夠的說服力，或者是否獲得美國聯邦最高法院判決的認同，無疑地，「思想觀念」也可以構成市場，思想觀念的生產者也應有充分自由。在一個公平的市場上宣揚自己的思想和理念，無礙地推銷自己的思想產品，應該也是言論自由研究者公認之理。相對地，思想觀念市場也應讓消費者可以如同選擇其他一般市場上的商品般，自由選擇要接受何種思想。對寇斯來說，思想觀念市場首先必須是個處於自由競爭狀態的市場，既不該任由壟斷勢力橫行，也不該讓任何思想觀念產品處於無法參與競爭的劣勢。在寇斯的理念中，讓每一個消費者憑藉自己的理性去判斷思想觀念產品的優劣，決定接受哪種類型的思想觀念產品，不僅是自由市場的當然之理，也是激發創新潛力的必然途徑。

中國缺乏思想觀念市場

因此，當晚年的寇斯直言中國「缺乏思想觀念市場」乃是中國經濟弊端和險象環生的根源時，無非是重新強調他數十年來一以貫之的理念；或許，開放而自由的思想觀念市場，並不是避免「錯誤」思想或觀念出現的萬靈丹，但從歷史經驗來看，壓抑思想觀念的自由流通，不維護思想觀念市場公平競爭秩序，往往只會導致更壞的結果出現。寇斯認為，在一個充分容許思想觀念流通和競爭的真正開放社會裡，應該不至於有任何所謂「錯誤」的思想觀念，會發揮侵蝕社會基礎或威脅社會穩定的影響力，基於這樣的基本信念，對於思想觀念進行管制或禁絕的做法，對寇斯而言都是不智的。當然，不能忽略的是，寇斯的理論前提：「處於公平競爭狀態的自由市場」，也就是充分容許任何思想觀念流通的真正開放社會。

即使是在寇斯生前的最後著作，也就是二〇一二年和王寧合著的《變革中國：市場經濟的中國之路》這本書裡，寇斯在檢視中國過去三十多年改革開放獲致的變化和成果之餘，特別在書中以古往今來的歷史經驗為例，強調目前中國經濟在結構上所面臨的主要致命傷，也就是無論是在教育體系中，或者是在法律、政治層面，當前的中國都缺乏開放的思想觀念市場。寇斯認爲，在現代社會裡，決定市場經濟能否健全運作的訊息和知識包羅萬象，倘若欠缺思想觀念市場，那麼，在知識創新的流通應用方面，必然障礙重重。

在寇斯看來，一直以來，中國從經濟領域到教育領域，從法律層面到政治層面，都缺乏歐美世界的言論自由學者所描述的「活力充沛的思想觀念市場」。雖然從表面上看來，中國的經濟改革，即使是在欠缺自由的思想觀念市場之情況下，依然獲致高度成長的成果，以至於讓人誤以爲——尤其是很可能讓將持續的經濟成長當作自己本身統治合法性最重要基礎的中國政治領導人誤以爲——商品和服務的自由市場，便是足夠的條件。但是，寇斯特別指出，果若如此，這將是背離眞理而大錯特錯的想法。

因爲，只要沒有自由的思想觀念市場，長期下來必然導致科技創新乏力，甚至也不利於建立和維繫一個眞正和諧的社會，更不足以重建文化。寇斯指出，所謂的「和諧」，不是表面上的平靜無波這麼淺薄的意義，即使是從中文語意的角度顧名思義一番，也可以發現「和諧」是以「必須有各種不同聲音存在的狀態」爲前提（諧由「言」和「皆」兩個字組成，意謂人人有言論自由），只有透過不同的聲音在市場上互相溝通交流的方式，才能產生和諧。同時，寇斯也指出：在當今世界裡，經濟生產將變得愈來愈朝知識密集的型態和方向發展，而商品市場是否能夠長期健全發展，事實上必須取決於開放的思想觀念市場之有無（這和弗利曼的「經濟自由和政治自由」兩者應同時存在的主張異曲同工）。在寇斯心目中，思想觀念市場和資本市場、勞動市場一樣，也是一個生產要素市場，而這個思想觀念市場，必須能使知識得以開拓、分享、累積和應用，無論是新廠商的成立、新產品的開發，或者是新產業的出現，其速度都仰賴思想觀念市場的運作。甚至，思想觀念市場也會直接影響到商品和服務市場的發展；因爲，商品市場的運作乃是以「消費者主權」爲前提，而唯有眞正自由無礙的思想觀念市場，才足以直接塑造消費者的需求，極其關鍵地決定經濟體系中會出現什麼樣的消費者（以及什麼樣的企業家、政治家和法律人）。換言之，思想觀念市場會決定消費者、企業家、政治家、法律人等之性格與價值觀，甚至最終足以決定商品市場的終極面貌爲何，以及商品市場是否能夠有效運作。

理想社會還是有著動亂或叛亂風險

寇斯進一步指出，政府干預並非思想觀念市場的唯一障礙。從中國歷史來看，政府之所以選擇對於思想觀念的形成和傳播加以壟斷的原因，絕大部分來自於對叛亂或動亂的恐懼。不過，寇斯認爲，對於叛亂或動亂的恐懼，不應該成爲封閉思想觀念市場的理由。一個理想的社會，不該是個完全杜絕叛亂或動亂風險的社會。由於控制叛亂或動亂所涉及的成本相當高，所以，不去滅絕這些叛亂和動亂，很可能才會使社會處於較佳的狀態。在寇斯心目中，即使政府大權在握，但對於資訊的掌握必然有其限制，不僅數量有限，而且其所取得的資訊通常是經過多重過濾和篩選的結果，甚至是帶有偏見的資訊，相對地，獨立於政治力量控制之外的活躍思想觀念市場，才能爲決策者提供眞實而充分的資訊，進而爲社會提供不可或缺的制度性保障。再者，若要進一步降低叛亂或動亂所帶來的風險，其所涉及的成本，往往遠高於任何因爲控制叛亂或動亂而獲致的可能額外收益。寇斯甚至以中國「大躍進」的歷史經驗爲例，說明即使政治機器立意良善，但是，在資訊不充分的誤導下，對於人民而言，往往帶來毀滅式的災難。寇斯認爲，即使思想觀念市場並不完美，而且極其脆弱，但卻能發揮補救官僚統治機器所面臨之雙重不對稱問題的功用。

寇斯還特別指出，雖然政治性的審查往往會導致思想觀念市場遭到壓制的結果，成爲摧毀思想觀念市場的致命傷，不過，政治高壓的政府，並不是思想觀念市場的唯一敵人。對於開放的思想觀念市場來說，另一個比較不讓人警覺，卻同等危險的敵人，是人民普遍認爲有所謂「顛撲不破的唯一眞理存在」這種信念和思考習慣。寇斯在書中提醒讀者，所有的實證知識都不是顛撲不破的，更不是權威而不可挑戰的。相反地，寇斯認爲，知識是不完整的，是暫時性的，也往往只是推測性的，隨時都可以修正和補充。所以，除非思想觀念市場的參與者能夠眞正認知到這個世界上沒有絕對眞理存在，否則無從維護開放的思想觀念市場正常運作，遑論使此一市場長存。

因此，寇斯在書中對於中國的諄諄提醒是：思想觀念市場之所以重要，在於開放的思想觀念市場所創造出來的，是對抗無知和偏執的無止盡鬥爭空間，在如此的鬥爭中，眞理才有可能展現其眞正面貌。再者，沒有任何眞理會獲得永遠的勝利，也沒有任何權威可以扮演決定何謂眞理的唯一決斷者。由於犯錯是人類的常態，而在追求眞理的過程中，也無從避免人類的無知，唯有維護開放的思想觀念市場，才是幫助人類盡量接近眞理的最佳工具。此外，具備批判思維和願意挑戰權威的大衆，而且是同時保持寬容開放胸襟的大衆，才是「自由的思想觀念市場」得以發展的關鍵因素。

第四章　寇斯思想觀念的應用

寇斯在無意間踏入經濟學殿堂，而且成爲名經濟學家，但他對主流經濟學很不滿意，稱之爲「黑板經濟學」，於是呼籲離開黑板，走入充滿「交易成本」的現實社會，了解社會眞相，解決社會問題。寇斯認爲張五常最能領會他的思想，而張五常的確以寇斯的交易成本、產權理論寫了非常多的通俗文章，特別對中國一九七八年底開展的放權讓利改革下了很多功夫，他將一九八四至一九八六年這方面的文章集結成《賣桔者言》、《中國的前途》以及《再論中國》三本書。本章擇取《賣桔者言》中三篇文章內容作爲第二和第三節，分別以「從寇斯定理看共產政制」和「寇斯的燈塔」爲節名；並將張五常在一九八一年爲英國經濟事務學社撰寫的《中國會走向「資本主義」嗎？》摘要作爲第一節。我也寫過好幾篇應用寇斯理論的文章，茲選出四篇成爲第四到第七節，分別是〈最適自然資源使用量的決定〉、〈爭「權」奪利何時了〉、〈「使用者付費」一定對嗎〉以及〈花香不是香，怎麼說〉。

一、從「交易成本」看中國的體制變革

自從鄧小平一九七八年底提出門戶開放的「放權讓利」政策以來，中國經濟制度的去向問題就成為舉世矚目的焦點，各式各樣的文章紛紛湧現。中國眞會放棄共產主義而向資本主義靠攏嗎？如果眞是如此，成功的可能性又如何？變動的結果會是怎樣？諸如此類的問題衆說紛紜，莫衷一是，但可肯定的一點，就是迄今為止並無令人十分滿意的理論性分析。不過，在那些並不完美的理論中，似以交易成本或費用（transaction cost）理論來解釋制度的運作或轉變較易為人接受，很值得介紹。

由交易成本理論分析制度的變革

一九三七年，寇斯教授在經典之作〈廠商的本質〉裡，提出交易成本來分析廠商的成因。接著在一九六〇年另一篇名為〈社會成本的問題〉之劃時代文章中，又以該理論來指陳「社會成本」（social cost）的問題。寇斯可說是交易成本理論的先驅。一九八一年，時任香港大學經濟學系主任的張五常（Steven N. S. Cheung）教授用此理論解釋經濟制度。他為英國的經濟事務學社（IEA）寫了一本小書——《中國會走向「資本主義」嗎？》（*Will China Go "Capitalist"?*），分析中國經濟制度的轉變。

他用下面一種簡單的例子來說明交易成本。賣一磅蘋果，種植的人只可得五分錢，消費者卻付出二角五分，這個二角錢的差額除去運輸費用後，即為交易成本。這當然是將交易成本的概念極端簡化，事實上，要估計和量化交易成本，是一件十分困難的工作。

任何經濟制度的運作成本都不輕，在私有企業制度裡，有劃分和保護產權的成本，有商議和督察合約的成本，有找尋合約夥伴的成本，也有防止欺騙、協調生產的成本。而在集體所有產權制度下，資源不能自由轉讓，也沒人可以私享使用權，因而合約成本和防止他人侵犯權益的成本將會較低，甚至不存在。但是，光是督導從屬的這種成本，就遠比在私有企業下許多成本的總和高得多。雖然交易成本的衡量困難重重，但無庸置疑地，共產或集體所有產權制度的交易成本極其龐大。

既然共產制度運作的交易成本較大，為何還會被選擇採行呢？對於這個疑點的合理解釋，正是張五常貢獻所在。張五常將廣義的交易成本分成兩類：一為前述的制度運作成本，另一種則為更換制度所要負擔的成本。最顯著者，當屬資訊成本和說服那些因制度轉變而其利得減少的人所需的成本。

假若改變某一個制度是不需付出代價的，人們必定會選擇一個運作成本較低的制度來支配資源的運用。反之，如果改變一個制度代價高昂，則在眾多的選擇當中，被採用的制度之運作成本並不一定是最低的。在此情況下，若不將改變制度所需要付出的代價考慮在內，由表面上看，社會是存有浪費的。假若存在另一個運作成本較低的制度，而將現行制度改變至該制度所需的代價，少於該制度所能節省的運作成本，那麼現行制度必然會改變而向該制度靠攏。

由此分析我們即能明白，運作成本極高的共產制度之得以存在，一定是制度轉變的成本過高所致。因此，中國經濟改革的結果，是否會導致放棄共產制度而走向私產制度，就得視改變制度的成本能否不斷下降而定。

中國經濟制度的走向

前已提過，制度改變的最顯著成本，係資訊成本和說服那些因制度轉變而導致利得減少的人所需的成本。現在我們來看，中國的這兩種成本是否不斷下降。

我們知道，差不多所有的共產政權都會有系統地禁止以及歪曲來自外間的新聞和消息，這是因爲共黨領袖們顯然懼怕一旦他們的國民對私有企業的實況有所認識之後，要維繫本身的制度便會困難得多。毛澤東深知箇中道理，因而採取閉關政策，讓老百姓接受歪曲的消息和灌輸教條，結果是中國人民知識貧乏，到處是散漫的勞工和無知的官僚。在科技知識資源上澈底破產，但卻能將共產制度維持下去。而鄧小平毅然決定打開小門，引進西方思想，雖然未能像大多數西方國家般完全開放，但開小門的結果是人們的眼界開闊了，訊息增長的速度加快了。人們不但對外間的世界增加認識，而且對於本身制度的運作也有了較爲明確的了解。如此一來，轉變制度的資訊成本便急速下降，共產制度的千瘡百孔也就愈來愈難掩蓋了。

中國實施共產制度，其揭櫫的最終目的，在於澈底地消除階級分歧，但極其諷刺的是，世界上絕少有像中國那樣階級分明的社會。人數衆多的官僚（幹部）在共產制度下，薪水高、利益多、生活舒服，這群既得利益分子害怕制度改革會改變現存的等級權利界定，終而使其優勢條件消失，因而一定扯改革的後腿。不過，經過幾年的變化之後，中國的生存規則就循著下面三個層面逐漸改變。

第一、詮釋、追隨「正確思想路線」的幹部競爭準則已被削弱，於是幹部倘若仍繼續維持原狀，便必定要付出較大的代價。政治本領將會帶來較少的利益，而且由於準則的改變，將使幹部是否依然擁有競爭優勢變成疑問。即使他們仍然保存若干的競爭優勢，也並不足以保證他們可以維持當前偏高的實際收入。

第二、原先幹部的高水平實際收入，部分是毛政權遺留下來的現象。在新政權下，個別幹部仍得以維持過去的收入，主要是體恤這些新近「平反」的官員，在過去長期以來吃了太多苦頭，但這些維持高收入的理由不久亦將消失。就算這些準則保持不變，假以時日，競爭亦將使得由政治本領所造成的利得差距大為削減。

第三、現代化計畫令人對生產力有新的體驗。在毛政權下，生產力完全不以消費者的喜好來評定。如今，追求物質享受已不再是罪行。政府對外匯需求甚殷，甚至以賺取外匯的表現，作為評估一些工廠的準則。因此，愈來愈多幹部的實際身分，已和資本主義下的公司經理無甚分別，而考核他們工作表現的準則也相差不遠。

由以上之分析，可以得知中國制度改革所要支付的代價是在逐漸下降。一方面一般老百姓獲取訊息所要付出的費用已減輕（譬如：向臺灣學習的說法已甚為普遍）。另一方面，在中國領導者堅持門戶開放、政治穩定以及增加生產下，遊戲規則已被修訂了，連帶使得誘導特權階級去接受改革的成本也下跌。由於共產制度運作的交易成本極大，而改革所需的交易成本正逐漸下降，因此，張五常推斷，中國將會接納一種近似私產的產權結構。至少勞工、生產工具、機器、建築物，甚至土地，將會有若干程度的私有使用權和轉讓權。

上面的推論結果，是在中國領導者堅持門戶開放政策的前提下所得出的，如果此一前提不存在，那將如何呢？其實，這也是大家所關心的未來中國政權轉移後的政治領導問題。對於這個關鍵問題，張五常認爲，若中國要實行現代化的話，就不會把門戶關起來。堵塞大門將會粉碎現代化計畫，成千上萬的海外留學生將拒絕返回；爲遊客而建的酒店工程將會停工；外資將會撤出；進一步的合約談判也將終止；作家及翻譯家亦會因殷鑑未遠，而紛紛設法掩護自己。一九五七年後期，毛澤東掀起詩意盎然的「百花齊放」運動，不久即將那些敢言者打成走資派，狠狠懲罰，而黑暗時代也於焉開始。如今鄧小平更進一步的讓「千花」齊放，若鄧小平或其繼任者再學毛澤東的榜樣，再來一次一百八十度轉變，另一場更大的災禍焉不產生？

另一篇文章裡，張五常再以下面五個理由，推斷中國不會走回「重開大鍋飯，鞏固鐵飯碗，增加階級特權鬥爭的老路」：⑴絕大部分的農民與耕地都有了包乾合約，走回頭路就要解約，政府要失信於民，解約將有引起暴動的可能性暫且不談，大饑荒是不可免的；⑵中國的市場雖仍受到多種管制，但稍具規模的市場卻已被推動了，這股力量大得驚人，絕非禁止黑市的口號所能壓制的，中國是否有足夠的不貪汙幹部去壓制已被推動的市場，令人懷疑；⑶外資在中國施展了競爭壓力，也助長了不少爲外客而設的服務及供應，中國沒有充足的資金來以正當途徑解散外資，而若強行取奪，有誰會再與之協商呢？⑷外間的訊息在中國已有立足之地，若要再加強「思想改造」，舊有的口號不管用，新的有效口號難以發明；⑸中國人民的生活有了改變，要他們放棄既得的利益，可能要比幹部放棄特權更難。

以上五點中的任何一點都難以單獨壓制，遑論全部回轉，因而走回頭路是很難了。既然無法再回頭，那向前走會是什麼途徑呢？上文提過，是走到近乎私產，張五常認爲極有可能到「印度之路」，即：增加分類管制，讓幹部各據一官，劃分固定的貪汙權利。爲什麼會這樣呢？

上文也提過，中國要走向私產制度，有訊息不足和幹部不肯放棄特權利益兩種障礙。由於中國的門戶已開了，再關起來的機率並不大，故第一種障礙可以去除。第二種障礙的消除成本雖如上文所言降低了，但若改革辦法較爲緩慢，則幹部就會設法霸占貪汙的權利，就會鼓吹管制的需要和好處，一旦各項管制的貪汙權利被占了，有了界定之後，河水不犯井水，更大的改進就難了。畢竟共產和私產之間尚有一個以分類管制而界定貪汙權利的制度，若共產制度保不了，又不能一步跨到私產那裡，則中庸的印度之路是走定了。

過河卒子，勇往直前

俗云：「知己知彼、百戰百勝。」中國經濟的改革對我們來說是一件大事，了解其制度的走向是極爲重要的。先入爲主的意見沒有科學價値，而推論又需有理論根據。有關經濟制度轉變的一些理論並不理想，而張五常將交易成本一分爲二的解釋法，可說較爲完整貫通，再以現今的中國情況與之印證，的確說對了！

二、從寇斯定理看共產政制

張五常在一九八四年一月二十七日寫了這一篇〈從寇斯定理看共產政制〉的文章，如上文所言，寇斯只認定張五常了解其思想，因而保留張五常的全文最合適，不過，我還是將文中的「香港用語」改爲「臺灣用語」。張五常是這樣寫的：

「三十多年前，在第二次世界大戰之後，很多國家都做著經濟發展的美夢。自五十年代初期起，經濟發展學『百花齊放』，怪論層出不窮；於今回顧，這些理論的無稽令某些經濟學者無地自容。但時代畢竟是改變了，以實證支持理論代替了以模型支持美夢。這一個重大的轉變，使我們採用一個新的角度去看世界；很多我們從前不明白的事，現在已有了基本的解釋。

經驗的回顧也應該令某些執政者無地自容。在當時，蘇聯有她的五年計畫；共產中國有她的五年計畫；印度、柬埔寨、北韓等國家，都各有各的計畫。有些地方，像日本和香港，就沒有什麼龐然大計。三十多年過去了，結果是有目共睹的。到如今，共產政制和私產政制在經濟增長上的分別，已不需要再辯論。儘管有些理論家仍是在做夢，但在實證上，制度對經濟進展的決定性，已無庸置疑。

但究竟私產制度爲什麼跟共產制度會有天淵之別？這問題並不如一般人所想像的那麼簡單。當然，自由市場所能帶來的種種利益，兩百多年來經濟學者都有很詳盡的分析，但一般經濟學者——連我自己在內——都不否認在很多情況下，自由市場是有局限性的。另一方面，有些很有分析能力的學者，也都曾用多種理論去支持共產或社會主義的優越性。

幾十年來，有關經濟制度比較（comparative economic systems）的課本，都認爲資本主義、共產主義及社會主義，是各有所長，亦各有所短。就是到現在，不少課本仍然是這麼說。但事實的證據實在是太明顯了。實踐是檢驗眞理的唯一標準，這句話是對的。但眞理究竟是什麼呢？長久以來，經濟學者絞盡腦汁，也只是一知半解。這一個理論上的困難，要到一九六〇年，寇斯發表了他的〈社會成本的問題〉之後，才露出一線有極大啟發力的曙光。

對私產和共產制度的完整解釋

一九六〇年以後，寇斯定理不脛而走。到如今，寇斯的原文是歷來被學者引用次數最多的經典之作。那是一篇博大艱深的文章。二十多年來，從寇斯的啟示而埋頭苦鑽的人屈指難數，理論也就因此由深變淺。在這方面較有深入研究的人都說：『原來如此而已，爲什麼我們從來都想不到？』這一個理論上的突破，給予私產與共產的經濟運作一個基本而完整的解釋。這個解釋邏輯井然，令人嘆服。

假如有兩塊相連的地，一塊畜牧者用以養牛，另一塊耕耘者用以種麥。但畜牧者所養的牛群，常越界到麥地去吃個飽。牛吃了麥會使牛肉價值增加，但種麥者卻受了損失。畜牧者見自己的牛群得益，當然是希望能對麥地的損害置之不理。但若牛群可在麥地亂吃一通，那麼在邊際上（牛吃麥最後的分量），麥地所損失的價值一定會大過牛的增值。在邊際上，畜牧對社會所產生的成本就會因而大過牛群增值對社會的貢獻，這兩塊地的生產總淨值也會因而受到損害。問題是，要增加生產的總淨值，畜牧者應否補償種麥者的損失？政府應否用抽稅的方式去減少牛群的數量，或甚至禁止畜牧者在該地養牛？

我們也可以問，政府應否將這兩塊地收歸國有，然後僱請最優秀的專家，去決定放牧地區及麥地的大小，用欄杆將牛群隔開，將總收入以最合理的方法分給養牛及種麥的人，變成一個最恰當的共產政制？如要在經濟立場上支持共產，我認爲這一條問題問得最有意義。

寇斯所問的是，究竟畜牧者有沒有權利讓牛群到麥地上去吃麥？他在這問題的答案上用了兩個相反的假設，但竟然只能得到一個相同的經濟效果——這就成了舉世知名的寇斯定理。

邊際利益等於邊際損失

寇斯的第一個假設，是一般人都認爲很自然的——畜牧者並沒有權利讓牛群吃麥。換言之，種麥的收成是耕耘者的私有產權。在這個情形下，牛群吃麥是可以的，但耕耘者卻有權收取費用。若畜牧者認爲所要付出的費用（價錢）有所不值，他就會約束牛群的行爲，例如用欄杆將牛群隔開。但欄杆應築在哪裡呢？答案是，並不一定在兩塊地的交界處。

假若牛群吃麥所得的增值，在邊際上，是大過麥的損失，那麼只要市場的交易成本不太高，畜牧者與耕耘者就可互定合約，吃麥多少以市價而定。耕耘者得到市價的補償，就樂意接受麥的損失。但若牛群吃麥的增值，在邊際上是少過麥的損失，那麼畜牧者就不願意付出牛群增加吃麥的市價。欄杆的位置（或約束牛群的程度），是以吃麥的市價而定。那就是說，在互定合約的情況下，欄杆的位置是會築在多吃一點麥對牛群的增值，跟麥的損害在邊際上相等之處。邊際上的利益等於邊際上的損害，兩塊地的生產總淨值就會是最高的。

根據最高生產總淨值分配資源

寇斯跟著作一個相反的假設，這就是牛群吃麥的權利是在畜牧者的手上。那就是說，雖然耕耘者可在自己的地上種麥，但牛吃麥的權利卻是畜牧者的私產。在這個假設下，牛吃麥的分量是否比第一個假設有所增加呢？寇斯的答案是不會的。這是因爲雖然畜牧者有權讓牛群免費吃麥，但耕耘者可將麥的市價，付給畜牧者，使畜牧者能有利地在邊際上約束牛群的行爲。

那就是說，若牛吃麥的邊際增值是大過麥的市值損害，那麼耕耘者就不可能以市價阻止牛吃麥；既然在邊際上麥的損失是少過牛的增值，讓牛多吃點麥是會增加社會生產的總淨值的。但若在邊際上牛吃麥的增值少過麥的損害，則耕耘者大可以以損失的市值，付給畜牧者，要後者去減少牛對麥的損害。畜牧者既然見收了一點錢而在邊際上約束牛群的行爲，他的收入有所增加，當然也樂意遵命。在互定合約下，欄杆位置的選擇，恰恰跟第一個相反的權利假設相同——在邊際上，牛群吃麥的增值跟麥的損害相等。兩塊地的生產總淨值也會是最高的。

私產界定市場發揮最大功能

寇斯定理的主旨，就是不管權利誰屬，只要清楚地界定爲私有，市場的運作能力便會應運而起；權利的買賣者互定合約，使資源的使用達到最高的生產總淨值。這總值的衡量不是由政府隨意加減的，而是依消費者的喜好、所肯付出的代價而表達出來。當然，在以上畜牧和耕耘的例子中——或任何資源使用的例子——權利誰屬是會影響財富的分配，而分配不同可能對資源的使用有間接的效果，但單在運用資源爲社會做出最大收益的問題上，寇斯定理是無懈可擊的。

在寇斯的〈社會成本的問題〉一文內，寇斯定理只不過是一個小貢獻。遠爲重要的貢獻就是，寇斯將該定理引申到有交易成本（非生產成本）的情況上。而從這引申的演變，更能令我們明白共產政制的經濟困難。要將交易成本的演變在報章上向讀者解釋，極其不易，因爲這題目實在是艱深的，但我仍可用些較淺的例子來讓讀者稍知大概。

假若在有清楚私產界定的情況下，畜牧者跟耕耘者在討價還價上發生問題，或者在牛群吃麥多少的量度上發生糾紛，那麼以市價買賣的普通合約就難以達成協議。但既然資源運用的利害是私人的事，他們雙方大可利用一些交易成本較低而生產效率也較差的合約方式成交。例如他們可以商議租用麥地的面積而不計麥的數量損失；或者他們也可以合股經營，以分帳的方法處理。

又假如比起麥地所受的損失，建築欄杆的成本過高，管制牛吃麥的成本就不合算。但在私產的情況下，任何一方都可將另一方的地全部租下來或買下來。有了這個安排，兩塊地可能全部種麥或全部養牛，兩者的選擇就會由哪一種用途的生產總淨值爲高而定。當然，因爲交易或非生產成本而引起的各種安排，兩塊地所生產的總淨值一定會比沒有交易成本的低。但在私產制度下，選擇的結果必定是基於盡量減少交易成本，爭取在這些成本存在的限制下所能得的最大收益。

共產政權無法做最有效的抉擇

現在讓我們假設政府將以上提及的兩塊地收歸國有，實行共產，用專家做決策，情況又會怎樣呢？第一、在共產制度下沒有市價的存在。牛群的增值多少或麥的損失多少用什麼標準來決定呢？專家可不能代表吃肉或吃麥的人的口味。第二、假若要築欄杆，位置從何而定？專家選錯了位置會受到什麼責罰？而有什麼準則可以斷定欄杆的位置是對了或是錯了？第三、若建造欄杆的費用高，專家要用什麼準則來衡量這費用是過高或是不合算？第四、畜牧者及耕耘者的勞力要用什麼方法獎勵？用牛？用麥？抑或用其他非物質的方法？獎勵的多少又由誰來做決定？第五、專家的勞力又要怎樣計算才能保障生產的增加？我們又要用什麼方法去分別「專家」與「非專家」？

在這篇文章裡我引用寇斯的畜牧及耕耘的例子的主要原因，就是因爲牛群是會走動，不容易控制。這一個特徵加強了界定及保障私有產權的困難，也增加了討價還價及議定合約的成本。我故意採用一個在私產下交易（非生產）成本較大的例子，去強調私產的弱點或困難。假若牛群是像蔬菜一樣，不會走動，交易成本將會較少，私產較易施行，但決定資源的使用及財富分配的經濟問題仍是驅之不去的。

交易和非生產成本決定制度優劣

在共產政制下，這些經濟問題同樣存在，但因爲制度不同，解決的方法有異。經濟進展的快慢，就是在於哪一種方法可以在生產上取得較高的總淨值。引申到交易或非生產成本的問題上，這總淨值當然也要除淨這些成本的。就是在畜牧及耕耘的例子中——一個私產不易施行的例子——我們也可見到共產政制下要提高總淨值的困難，要比私產的困難大得多。這是因爲在不同制度下的交易（非生產）成本雖然性質不同，但這些成本在生產價值上的比重，共產要比私產高得多。

寇斯定理最大的貢獻，是提醒我們，在實踐上分析經濟制度，一定要考慮到那些可觀的交易或非生產的成本。我們二十多年來的研究，實證資料堆積如山，所得到的一個主要結果，就是只有在私產制度下，人類才會爲自利的緣故設法將這些成本的比重盡量減低。這是從寇斯的理論所演變出來的對共產制度的最大貢獻。」

三、寇斯的燈塔

張五常在一九八四年三月六日寫〈燈塔的故事〉一文，他是這樣寫的：

「燈塔是經濟學上的一個里程碑。一提起這個詩意盎然的例子，經濟學者都知道所指的是收費的困難，這種困難令燈塔成爲一種非政府親力親爲不可的服務。

遠在一八四八年，英國的經濟學家密爾（J. S. Mill）對燈塔就有如下的分析——要使航海安全，燈塔的建造及維修就需要政府的親力親爲。雖然海中的船隻可從燈塔的指引而得益，但若要向他們收取費用，就不能辦到。除非政府用強迫抽稅的方法，否則燈塔就會因無私利可圖，以致無人建造。

一八八三年，瑟域克（H. Sidgwick）將密爾的論點加以推廣——在好幾種情況下，以市場收費來鼓勵服務供應的觀點是大錯特錯的，首要的情況就是某些對社會有益的服務，供應者無法向那些需要服務而又願意付價的人收費。例如一座建在適當地點的燈塔，使船的航行得益，但卻難以向船隻收取費用。

經濟學上重要的一課

到了一九三八年，庇古（A. C. Pigou）當然也不肯放過『燈塔』。庇古是以分析私人與社會成本（或收益）的分離而支持政府干預的首要人物，燈塔的例子正中他的下懷。庇古認爲，既然在技術上難以向船隻收取費用，燈塔若是私營的話，私人的收益在邊際上必定會低過燈塔對社會貢獻的利益。在這情況下，政府建造燈塔是必須的。

因爲以上提及的市場『失靈』而支持政府干預的論調，在經濟學上是重要的一課。在這裡有必要指出的是，這些學者並不反對提供服務的人向服務的使用者收取費用，正相反，他們一致認爲收費符合經濟原則，是理所當然的。他們也一致認爲市價是一個極重要的供應指引，但在燈塔的例子中，困難就是要收錢也收不到。在黑暗中，航行的船隻大可以『偷看』燈塔的指導射燈，避開礁石，然後逃之夭夭。

免費午餐吃不了多久

細想之下，某些經濟學者的好心腸，實在是世間少有。對那些願意付價而逃避付價的人，這些學者竟要政府爲他們增加服務。那麼對那些在飯店白吃而不付帳的人，經濟學者是否要政府爲他們大擺筵席呢？在這一個尷尬的問題上，密爾實在比瑟域克及庇古高明得多。密爾的主張是要政府向用燈塔的船隻強迫收費，但庇古一派卻慷他人之慨，不管燈塔的費用應從何來。假若不付錢就會得到政府的供應，而政府的供應是由一般稅收所支持，那麼還有什麼人會在任何市場付價呢？免費的午餐又吃得了多久？

在一九六四年，燈塔的例子到了薩繆爾遜（P. A. Samuelson）的手上，市場的『失靈』就一分爲二。以薩繆爾遜之見，燈塔難以收費是一個問題；但就算容易收費，他亦認爲在經濟原則上是不應該收費的。所以燈塔應由政府建造並不僅是因爲私營會有收費的困難而已。支持第二個觀點的理論是基於一個叫做『共用品』（Public Good）的概念——這概念源自於林達爾（E. R. Lindahl），一九五三年薩繆爾遜以精湛的文章加以發揚。（Public Good這名詞容易引人誤解，本身大有問題；中文一向譯做『公共財』，是錯上加錯。下文將有解釋。）

燈塔不收費的理論

燈塔的服務是『共用品』的一個好例子。塔中的燈亮了，很多船隻都可以一起用燈塔的指引而得益。當一條船用燈塔的時候，它一點也沒有阻礙其他的船隻去共用同一的燈塔——這就是『共用品』的特徵。在這個情況下，燈塔既然亮了，要服務多一條船的費用毫無增加。也就是說，要服務在『邊際』的船隻的費用是零。假若燈塔要收費，那就會阻嚇某些船隻對燈塔的自由使用，這對社會是有損害的。既然多服務一條船的費用毫無增加（額外費用是零），爲社會利益計，燈塔就不該收費。但若不收費，私營的燈塔就非虧大本不可。所以燈塔或其他類似的共用品，是應由政府免費供應的。

薩繆爾遜對共用品的解釋

在支持政府干預的經濟理論中，『共用品』占了一個極重要的地位。且讓我不厭其詳地引用薩繆爾遜本人的話，向讀者再解釋一次——在燈塔的例子中值得我們注意的，就是燈塔的經營者不能向得益的船隻收取費用，這使燈塔宜於被作爲一種公業（薩繆爾遜在這裡用 Public Good 一詞，誤導了讀者；因爲這裡所指的並不是『共用品』的特徵）；但就算是燈塔的經營者以雷達偵察的方法，成功地向每一條船收取費用，爲社會利益計，要像私人物品（薩繆爾遜用Private Good一詞，再加誤導）那樣地以市價收費並不一定是理想的。爲什麼呢？因爲對社會而言，向多一條船服務的額外費用是等於零（這才是共用品Public Good的特徵，跟難收費是兩件事；薩繆爾遜是『共用品』一詞的創始人，他在這段文字中把這詞用得太早了，以致誤導；中文譯爲公共財，很可能是因爲這段文字引錯了的）。因爲這個緣故，任何船隻被任何收費阻嚇而不用燈塔的服務，對社會都是一個損失——雖然這收費是僅足維持燈塔的經營費用。假若燈塔對社會是有所值的——它不一定是有所值——一個比較高深的理論可以證明這對社會有益的服務應該是免費供應的。

廣告時間是變相收費

我認爲在支持政府干預的各種理論中，『共用品』最艱深。電視節目也是『共用品』的一個典型例子。任何一個人看電視都不妨礙其他人看電視；讓多一個人看電視的額外節目費用也是等於零。我們看私營的電視臺是要付費的——看廣告的時間就是費用；同樣的節目若沒有廣告會較好看。但有誰會認爲私營的電視臺比不上政府經營的？話雖如此，我們不能將薩繆爾遜的理論置諸度外。薩繆爾遜是頂尖的經濟理論家，獲諾貝爾獎是實至名歸。

至於收費困難的問題，我們不妨問：『既然蜜蜂的服務及花中蜜漿的供應都是以市價成交，實際上燈塔究竟是怎麼一回事？』」

這個問題張五常在一九八四年三月十六日發表的〈寇斯的燈塔〉一文中做了交代。張五常寫道：

「在我所認識的經濟學者中，觀點和我最相近的是寇斯。他和我都強調：『若不知道事實的眞相，就很難用理論去解釋事實。』這觀點牽涉到很廣泛的科學方法論——持有不同觀點的學者大不乏人。純以方法論的角度去評理，誰是誰非並不簡單，但這不太重要。從實踐研究的角度來衡量，則寇斯和我一向喜歡追查數字資料以外的事實的作風，在行內是比較例外的。

一九六九年的春天，寇斯和我被邀請到加拿大的溫哥華大學（UBC）參加一個漁業經濟討論會。除了我們以外，被邀請的都是世界知名的漁業經濟專家。我被邀請的原因，是我剛發表了《佃農理論》，而船主與被僱用的捕魚勞力是以『佃農』的形式分帳的。寇斯呢？要談產權問題，少了他就總是美中不足。

在那時，寇斯和我都是漁業的門外漢。赴會的前一個月，我到芝加哥大學圖書館借了大約兩呎高有關漁業的書籍，做點功課；寇斯知我『祕密練功』，就叫女祕書來將我看過的書拿去，也修練起來。但時間無多，我們只得一知半解就硬著頭皮赴會。

三招兩式放言無忌

會議是在該大學的一間古色古香的小房子舉行，仰望雪山，俯視碧海。大家坐下來，寒暄幾句，仍未開鑼，有一個站在窗旁的人突然宣布海上有艘網魚船（Gillnetter），在場的人都一起湧到窗前觀看。我和寇斯被嚇了一跳，內心都在想，漁業專家怎可能沒有見過網魚船！我們於是對自己學了不久的三招兩式信心大增，而對開會時的討論，我們就再沒有什麼顧忌了。

幾天的會議結束之後，寇斯和我一起從溫哥華駕車到西雅圖。在途中我們再談那多年來我們常談的事——事實知識對經濟學的重要性。我們認爲很多經濟學者所要『解釋』的現象，都無中生有，到頭來是枉費心思。在這個行程中，他告訴我他曾聽說蜜蜂的服務是有市價的——三年之後，我做了一個蜜蜂與果樹的實地調查，在一九七三年發表了〈蜜蜂的神話〉。他也告訴我他聽說在英國有一個私營燈塔的人發了達——後來他自己在一九七四年發表了〈經濟學上的燈塔〉（The Lighthouse in Economics）。

寇斯所調查的是英國早期的燈塔制度。十七世紀之前，燈塔在英國是不見經傳的。在十七世紀初期，領港公會（Trinity House）建造了兩座燈塔。這個歷史悠久的公會起初是由海員組合而成的，後來政府授以權力，漸成爲隸屬政府的機構，專門管理航海事宜。雖然領港公會有特權建燈塔，向船隻徵收費用，但這公會卻不願意在燈塔上投資。在一六一〇年與一六七五年之間，領港公會一個新的燈塔也沒有建造；但在同期內，私人的投資卻建了十個燈塔。

私營燈塔也能收費

要避開領港公會的特權而建造燈塔，私營的投資者就須向政府申請特權，准許他們向船隻收費。這申請手續是要多個船主聯名簽字，說明燈塔的建造對他們有益，和表示願意付『過路錢』。燈塔建成後，這過路錢是由代理收取的。一個代理可能替幾個燈塔收費，而這代理人往往是海關的公務員。

過路錢的高低是由船隻的大小及航程上經過的燈塔多少而定。船入了港口，停泊了，收費就按照船的來程，數船隻經過的燈塔的數量而收費。到後來，不同航程的不同燈塔費用，就印在小冊子上了。

這些私營的燈塔都是向政府租用地權而建造的。租約期滿後，就多由政府收回讓領港公會經營。到了一八二〇年，英國私營的燈塔只剩二十二個，而由領港公會經營的是二十四個。但在這總共四十六個燈塔中，三十四個是私人建造的。一八二〇年之後，領港公會開始收購私營的燈塔。到了一八三四年，在總數五十六個燈塔中，領港公會管理四十二個。兩年之後，政府通過法例，要領港公會將其餘的私營燈塔逐步全部收購。一八四二年之後，英國就再沒有私營的燈塔了。

英國政府在當時解釋要收購私營燈塔的原因，不是由於收費有困難，而是政府認爲私營收費太高。政府收購燈塔的價格，顯然是依地點及租約年期而定。最高收購價的四座燈塔是由十二萬五千英鎊至四十四萬五千英鎊。這些都是很大的數字——一八三六年的一英鎊，大約等於現在（一九八四年）三十至四十美元。

從以上寇斯調查所得的結果中，我們可見一般經濟學者認爲私營燈塔是無從收費或無利可圖的觀點是錯誤的。但問題也並不是這樣簡單，我們要問，假若政府不許以特權，私營收費能否辦到？這問題寇斯似乎是忽略了。

過門不入的機會不多

假如有人在一個適宜建燈塔的地方買了或租了一塊地，將建造燈塔的圓滿計畫寫了報告書，就跑去找船主，要他們簽約，同意付買路錢。簽了約的船主，得到燈塔的服務後，當然就要依約繳款，否則會惹起官司。但有多少個船主肯簽約？不簽約而用燈塔的船隻怎麼對付？寇斯在文章內提及船主聯名簽字申請的步驟，但究竟有百分之幾的船主把名字簽上了？不簽字而又用燈塔的又有多少？當然，在英國當時的制度下，所有進入港口的船隻都是要交費的。船主簽字只是協助私營者申請特權；特權批准之後，不簽字的船隻也要交買路錢。沒有這特權，收費的困難又怎樣了？

我以爲在燈塔的例子中，收費的困難有兩種，而經濟學者——連寇斯在內——都把這兩種混淆起來，以致分析模糊不清。第一種就是船隻可能『偷看』燈塔的指引，或是看了而不認。在事實上，以燈塔爲例，這類困難顯然並不嚴重——薩繆爾遜等人都估計錯了。只要船隻進入港口，在航線上顯然是經過燈塔，要否認曾利用燈塔是不易的。但經過有燈塔的航線而不進入港口的船隻，就會有這第一種收費的困難，這一點寇斯是清楚地指出了的。過港口之門而不入的船隻顯然不多，所以在燈塔的例子中，第一種的收費困難不重要。

專利權可以拒搭便車

第二種收費困難，就是船隻既不『偷看』，也不否認燈塔對他們的利益，但就是不肯付錢；希望其他船隻付錢，有了燈塔，他們可以免費享用。換言之，某些船隻要『搭順風車』（free rider）。雖然寇斯在他燈塔的文章內沒有分析那要『搭順風車』而引起的收費困難，但他的寶貴資料卻顯示這困難的存在。我主要的證據就是政府給予私營燈塔的特權是一個專賣權（patent），意味著每一艘用過燈塔的船都要交費。這種專賣權通常是賜給發明者的，雖然燈塔的建造者並沒有發明了什麼。

因『搭順風車』的行爲而產生的收費困難，在經濟學上不僅有名，而且從來也沒有人能提出在私營下的有效解決辦法。讀寇斯的〈經濟學上的燈塔〉一文，我領悟了一個頗重要的見解——用『發明專利權』（patent right）的形式來壓制『搭順風車』的行爲，可奏奇效！」

四、最適自然資源使用量的決定——寇斯定理的應用

資源有限，有效率使用

一般通用的基本經濟學教科書，開宗明義就告訴我們「資源有限」、「人的欲望無窮」，於是才有經濟學的出現，也因而經濟學理就在分析「人的選擇行爲」。這其中所涉及的也就是「稀少性」（scarcity）這個特性，它是指相對於人的欲望而言，資源是稀少的，亦即必須支付「代價」。當然，基本經濟學中也並不否認在某個時候總有「取之不盡、用之不竭」的資源，但這也就是不必支付代價的「物品」。爲了做嚴格區分，乃有「經濟財」和「自由財」之稱謂，前者指有代價的財貨，後者則是免費的。截至目前爲止，「空氣」、「陽光」和「水」三種人類必需品，相對而言都還

傾向於自由財。不過，跟以往年代相比，連這三種本是「自然存在且取用不盡」的資源，也逐漸的必須支付代價，由繳納水費是如今司空見慣的，即可見一斑。

即使這三種資源都已逐漸變爲稀少了，更遑論其他資源！但是，我們也不要忘了，經濟學中稀少性的眞義是「有代價的」，也就是供給相對於需求是稀少的，因而才要付出代價。對於那些沒有被人所需求的物品，即使其數量並不多、甚至絕對量很少，也不能稱之爲「稀少」。在這樣的定義下，晚近問世的一些著作，對於「稀少性」的批評就顯得有些牛頭不對馬嘴了，例如皮爾澤（Paul Zane Pilzer）在一九九〇年出版的《點石成金》（*Unlimited Wealth*），就以「技術進步無窮盡」（該書中稱爲「經濟煉金術」）來否認人世間存有稀少性；而史可生（Mark Skousen）在一九九一年著作的《大審判》（*Economics on Trial*）一書，一開頭就以實際社會中的商店堆滿了貨物，以及個人對某一種商品總有某一限量之需求量，以致東西會有剩餘，來駁斥稀少性假說。這兩位作者所批判的「稀少性」，實在並非本文開頭所定義的基本經濟學裡的稀少性，何況若將時際無限延伸，深不可測的人類欲望還是有可能遠超過煉金術的進展的。話雖如此，這兩本書的作者卻也無意中透露了一項重要訊息，那就是透過技術的進步，資源的使用及創造「很可能」永無止境。

相對於這種「樂觀」的看法，卻早有另一種極端的「悲觀」論調出現，就以一九七二年春季問世的《成長的極限》（*The Limits to Growth*）來說吧！羅馬俱樂部（The Club of Rome）的作者群就以計量模型估算出資源耗竭的時日，這曾給世人帶來無比的震撼力，正巧的是，一九七四年第一次石油危機發生，更加深世人的恐懼感。此後討論自然資源和環境危機的著作、會議就如雨後春筍般湧現。雖然羅馬俱樂部不久之後再出版另一書修正原先那麼悲觀的論調，但對環境和自然資源的關心卻已經散布在人世間，而環境經濟學、資源經濟學也普遍受到重視，甚且蓬勃發展了。直到現在，對環境資源各抱持悲觀和樂觀兩種極端論者仍為數不少，樂觀者如上所引兩本書之作者；悲觀者甚至引述老子《道德經》及熱力學中「能趨疲」定律，來強調「民胞物與」、「對天地萬物無私」才能「永續發展」，旨在告誡世人要珍惜萬物（包括植物、動物等所有物種），才能成就世代人的永生。這種分析法似乎又推翻了基本經濟學裡「自利」（self-interest）的假說。其實經由另一種分析又可保住這種假說（見中華經濟研究院《經濟前瞻》雙月刊，一九九三年四月一日第三十號張清溪的文章），此非本文主題，此處不予再論。

無論如何，只要人還存活在地球上，環境資源的討論就會持續下去，不論何種觀點都能言之成理，也當然難以判定對錯。不過，這些論辯的一個共同點是：都承認自然資源已成人類的重要課題。而它們之所以重要，就是人類終於「明顯」的必須支付代價了，以經濟分析的角度看，其實就是簡單的顯示，自然資源的供需變動已達到「正價格」解值的時候了。一個重要問題是：價格機能的運作能夠避免自然資源的消失嗎？能否得到「適當」的用量而使自然資源生生不息？這個問題在《孟子》中的「斧斤以時入山林，材木不可勝用也」主張似可得知，早在那麼久遠的時代就已有解答的「方向」了。不過，經過這麼多風風雨雨的諸多世代，似乎這個問題也仍然停留在理念的境地，誰也無法提出一個說服所有人之「標準」而「確實」的方案，也只能在「效率」（借用）、「強制保護」等層次上繞圈圈。

外部性、社會成本的出現

在基本經濟學的發展上，很明顯且嚴謹的將自然資源（或環境）課題納入，大約始自一九二〇年庇古的《福利經濟學》一書。他發現一般生產行爲在使用生產因素（包括自然資源）時，對自然資源造成破壞（如汙染空氣、水源），進而減損了生產者以外其他人的福利。如此一來，「外部性」和「社會成本」這些名詞就進到

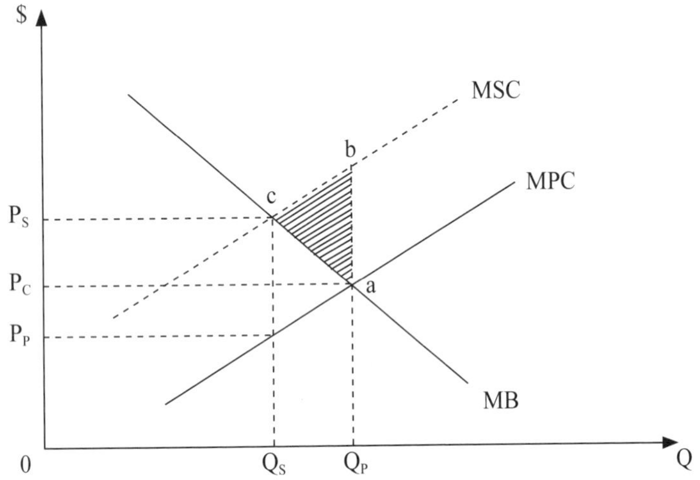

圖一　庇古課徵汙染稅

經濟分析領域，於是將當時任由「市場機能」運作可以達到最大「社會效率水準」的準則推翻掉了。雖然這種外部性爭論原先似只在意「資源使用效率」到底任由市場操作或須「人爲干預」對社會最適當，卻也明顯地警示人類，由於一般生產行爲的不斷進展，自然資源已經不再是「無窮無盡」的自由財了，而且在「生產」和「消費」兩種用途上面臨「取捨」。我們知道，這個課題廣義來說涉及時際、世代間，但若要將所有的因素統統納入可能是「無解」的，比較實在的還是採取「短視」的做法，將主題限於現代人的幸福以及現時資源的有效率使用。

經由如此的限定後，解決外部性課題也就等於解決「社會最有效率資源使用量」如何決定的問題。由於資源使用附著於生產行爲，因而也等於求取最適生產量的課題。在庇古的眼裡，「外部成本」必須「內化」給行爲人（亦即生產者），於是經由對生產者課徵等於外部成本數量的「稅」，就可得到社會的最適生產量或資源最適使用量，情況如圖一所示。如果任由市場機能運作，生產者只會計入自己的成本（private cost, PC），而邊際私人機會成本線（MPC）就是該產業的供給線，它與需求線（邊際收益線，MB）的交點即可決定均衡產量Q_p和價格P_c。但因Q_p產量時，該單位產量產生了ab數量的外部成本，對於社會而言，效率點應是邊際社會成本（私人成本加上外部成本）線MSC和MB線的交點c，如果不將外部成本內化，全社會將有abc這麼多的「無謂損失」。庇古認爲（也是一般人的想法），應由政府出面從事對生產者課徵等於外部成本的稅，來達到社會均衡點c的任務，結果是產量減少而產品價格提升，但社會效率點卻達到了。這個時候，即使政府能正確估出外部成本數額，且有能力強徵稅收，消費者仍須負擔P_cP_s這個部分的稅收，生產者和消費者兩者所分攤稅收的數額大小，視需求線的價格彈性而定。因此，由政府出面課稅解決汙染而得到最適資源耗用量，產品的生產者和消費者都將分擔費用，此與「使用（資源）者付費」原則是相符的，畢竟生產者是直接使用者，而消費者（可能是也可能不是受汙染居民）是間接使用者。如果政府將所課的稅用來「補償」受汙染居民所受的損害，結局似乎就很完滿了。

不過，這種辦法卻有難題在，先是外部成本難估，其次是生產者也許「遊說」政府官員來低估外部成本，再來是政府爲何認定空氣（即資源）的產權是屬於居民？如果產權屬於生產者，而居民願意付費給生產者使其減產、甚至關廠又如何？這些盲點的修正可用「寇斯定理」達成。依寇斯定理所推演的方法，就是政府出面當中間人，或是設立法庭，而後召集兩邊當事人進行協商，無論產權判定給哪一邊，只要明確，則最適產量和價格都是一樣的，這個方法也就是政府負責「創造」市場以及決定產權歸屬，而後交由市場機能去運作。

設定明確汙染權

我們可由圖二來說明，圖中MB和MC與圖一相同，最適解也是相同，區別所在是圖一由政府來主導，但很難達到這個適當解，圖二則由兩邊當事人自行協商，較可能得到該值。如果政府將汙染權判給居民，則生產者將生產到圖二中c點，產量

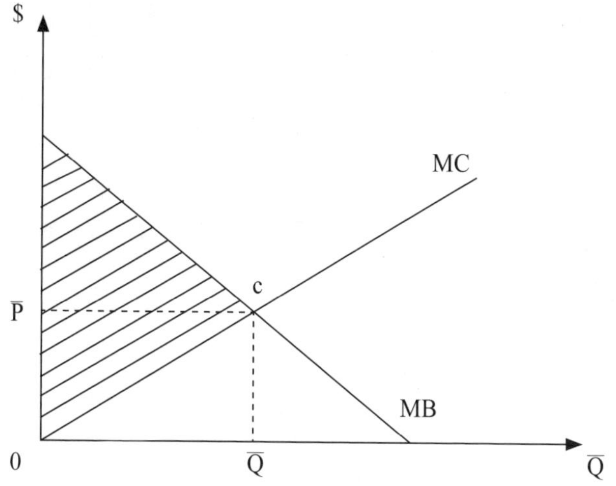

圖二　寇斯定理

爲$\bar{Q}$，在此產量之前，生產者補償居民的索賠之後仍有餘裕，而$\bar{Q}$之後則得不償失，於是生產者不會將產量擴大到超過$\bar{Q}$點，圖中的斜線面積是淨利益，視雙方談判協商能力的高低而決定誰分得多。相對地，若政府將汙染權判給生產者，由於小於$\bar{Q}$點時，居民只願付給廠商MC線內的費用，要求廠商生產某一數量，而廠商的生產卻能得到MB線內的好處，因而居民付不出要求廠商生產小於$\bar{Q}$點產量的應有費用；而一旦產量超過$\bar{Q}$點，居民就願意支付MC與MB間的費用要求廠商減產，直至$\bar{Q}$點產量爲止。因此，應用寇斯定理，市場機能又能復活而使最適社會效率點的產量達到，而最適資源使用量也自然可以得到了。

寇斯定理的先決條件是「結合」雙方當事人的「交易成本」必須等於零或「極小」，而現實社會裡，單是組織猶如一盤散沙的居民就非常困難了，遑論促使談判順利進行！因而似乎該法只是紙上談兵的「理想」而已。不過，若進一步去想，汙染問題之所以成爲社會問題，環保運動之所以出現而須予以正視，就是已經有團體組織出現，那麼不就是顯示，當必須解決此問題時，交易成本已經很低了嗎？鹿港杜邦事件、林園事件、貢寮核四廠事件都可爲例證。所以，寇斯定理在我們這裡以及其他類似情況的地方之無法應用，關鍵恐怕不在交易成本太高，而是在政府既是「裁判」又兼「球員」的雙重身分，以致「公權力」淪喪的緣故！

五、爭「權」奪利何時了？

二〇〇三年，臺灣發生多起類似的產權糾紛案件，有的難以判定產權誰屬，有的是私權被侵占而興訟，有的雖是私產卻面臨被強制不能使用，而有的竟然自願將私產大方作爲公產……，面對這樣層出不窮的爭權奪利，「利他者」心態，或許是另一個思考方向。

二〇〇三年中一連數月，臺灣發生多起類似，且備受矚目的案例。

產權糾紛層出不窮

例一，六月十二日新聞報導，臺南縣新營市三興街一百七十三巷共八戶人家，因出入巷口爲私人土地，四年前王姓地主準備蓋房子而發生訴訟，最高法院判決住戶有通行權，地主建屋不成還要負擔土地稅，於是提起侵權民事賠償。最終臺南地院認定使用就應付費，於是判決該八戶人家應給付以往十六年來的通行費，每戶二十三萬元，今後八戶每年共需付二萬一千元通行費，直至停止通行爲止。

例二，七月二十八日新聞報導，臺北市青田街的狹小巷弄中，有著清新綠蔭，不久前因爲有住戶修剪「自家」樹木，引發居民齊心護樹，進而發起「愛青田、救老樹」活動，希望市府文化局等相關單位盡速訂定樹木保護法執行細則及修剪準則。也就是說，即使是種在自家私有土地的樹木，屋主也不能「自由」修剪，換言之，「私產」變爲「公產」。

例三，也是發生在七月底，苗栗縣竹南鎮龍鳳里，有一口百年的埤塘，因爲縣府施工不當，造成埤塘成爲死水池，魚蝦死亡、水質汙染，而大人、小孩也都失去夏天嬉戲場所。於是當地有心人士，偕同兩位妙齡女郎及小孩，集體近乎裸體入埤抗議，希望找回純淨的百年埤塘。

例四，八月二十日，桃園地檢署偵辦一起牛隻竊案紛爭。據了解，新屋農民彭某二〇〇一年九月，發現所飼養牛隻在一個上午遭竊十多頭，其中一頭一歲多取名「愛愛」是他特別鍾愛的，讓他心疼不已，也導致彭某時常開車四處找尋。二〇〇二年十二月間，彭某在大園鄉一處農田發現一頭黃牛頗像「愛愛」，他停車觀看，而該頭牛也不斷揚頭、甩尾且朝他叫，明顯認得他。於是彭某報警處理，最後警方與兩造飼主協商，決定將該隻牛由彭某帶回保管。但最後這位黃姓飼主否認偷牛，也表示不知該頭牛是贓物，於是循線找出當初買賣交易者，哪知前前後後共有十餘名飼主，人人表示自己是養牛者，檢察官偵訊了半天，難以判定誰才是牛隻的眞正主人。

例五，九月中旬新聞報導，高雄縣岡山鎭有位蔡姓企業家，夫婦倆爲解決鄰居出入不便問題，分別買地或提供自己土地開路供鄰居通行或開闢溪畔園道，並且時常出資鋪路、開水溝，樂善好施卻行事低調不欲人知。

利他者共創現代桃花源

這五個案例儘管看似各有特色，其實有一個共同點，此即都與「產權」有關，有的難以判定產權誰屬，有的爲了私權被侵占而興訟，有的私產卻面臨被強制不能自由使用，而有的竟然自願將私產大方作爲公產。

關於例四牛隻到底屬於誰的案子，記得小時候曾看到兩位婦人「爭子」的故事，聰明的判官急中生智，提出「將小孩剖成兩半，一人分一半」的建議，結果有位婦女表示若要如此做，她將忍痛放棄，最後判官卻將小孩判給她，因爲「母子連心」在此婦人身上看得到啊！不知桃園檢察官有沒有想到這則應該算是廣爲人知的古代案例？也許可以獲得很好的啟示。

關於例二和例三，都是明顯的「私產」遭受到侵犯的例子，一是受到街坊鄰居強烈要求，而且這些民衆還要求並付諸行動要政府出面來「強制」，方法是「立法」限制私人行使對自己財產的使用權，亦即「私產變爲公產」。另一個例子是政府「無意間」侵犯了私產，用經濟學的語言來說，就是出現了「負的外部效果」，因爲縣府施工不當，對於地方民衆的權益產生不利，而民衆屢次陳情無效，於是藉由荒謬的「半裸體」抗議方式引來各家媒體之報導，終於形成一股「有效的」無形壓力，讓事情獲得縣府的立即注意而有解決的可能。

例一的情況是私產擁有者遭到侵犯，過了一段時日才發覺，而爲衛護私產告上官府。問題的癥結在於「侵占者」是「無知的」，亦即這些人不是有意侵占，如今被告上官才發覺代誌大條，想一想自己也好似「無辜受害者」，他們是否要爲自己的「疏忽」而付出代價呢？

至於例五的情況，當然不必多說，私產擁有者大方地放棄私利而造福地方民衆，不但沒有紛爭出現，而且得到衆多人的讚美，博得「善名」且營造鄉里和諧氣氛。如果這位樂善好施者的行爲能廣爲傳布，其他的個案也不會發生，結果會是：臺北市青田街的街坊民衆不必煩勞政府出面「強制」，那戶剪樹的人家會在鄰人告知情況後，就自動地與衆人協商出一種好方法來皆大歡喜；例一的地主會大方地讓鄰居有巷道可以自由通行，也當然不會有賠償金的事了；例四的這隻牛，在大夥兒相互謙讓下，最後歸給最愛護且最需要這頭牛的農民；至於例三，也當然不待衆怒抗議，縣府在接到反映後就即刻善後，不會讓傷害行爲繼續出現。

這樣子的「大同」景象，不正是「桃花源」美麗境界嗎？不也是凡間人民夢寐以求的嗎？可不可能達成呢？我想絕大部分的讀者會回答：「不可能！」可是上舉例五不就是活生生的例子嗎？問題就在：這類好心腸的「利他者」有多少？能不能將這種心態廣爲傳布？回到紛爭處處的實際世界來，「自私自利」似乎已被認爲是常態，自那麼古早，「人不爲己，天誅地滅」不就是座右銘了嗎？因此，要推動例五蔡姓企業家的善舉，的確是很難，但，很難就該雙手一攤而放棄嗎？是不是可以人人由自己做起，日常生活中爲別人多想一想，多多幫助人家一些，社會風氣在無形中不就可以很快地改過來了嗎？或許能使「人『不』爲己，天誅地滅」返還「人『若』爲己，天誅地滅」的本色呢！「心動不如行動！」臺灣人民趕緊付諸行動，早日將「爭權奪利」惡習趕走吧！

六、「使用者付費」一定對嗎？

當「使用者付費」原則成爲法官的判決依據、輿論認同的標準時，我們必須反思，爭議問題本身是否眞正得到心平氣和的解決？社會福祉是否眞正達到最大？回到上一節所舉的案例一。

二〇〇三年六月十二日《聯合報》A10版，報導一則新聞：臺南縣新營市三興街一百七十三巷共八戶人家，因出入巷口爲私人土地，四年前王姓地主準備蓋房子而發生訴訟，最高法院判決住戶有通行權，地主建屋不成還要負擔土地稅，於是提起侵權民事賠償。最終臺南地院認定使用就應付費，於是判決該八戶人家應給付以往十六年來的通行費，每戶二十三萬元，今後八戶每年共需付二萬一千元通行費，直至停止通行爲止。

使用者付費 vs. 社會最大福祉

臺南地院的判決，係依「使用者付費」原則而來，想當然必會得到輿論的普遍認同。不過，這八戶人家卻覺得頗爲委屈，他們說這項宣判等於宣告他們的房子無期徒刑，今後沒人敢買他們的房屋，注定世世代代都要繳通行費，想不到他們辛苦一輩子買房子，竟這樣糾纏不清、禍及子孫。

這八戶人家買屋當初絕對不清楚有如此這般的複雜情況，「資訊不足或資訊不對稱」的情況亦極明顯，法律的判決他們雖懶得再上訴，但不甘心和忿忿不平可能深烙在心中，由而「社會福利」有缺失也顯而易見。類似這類「使用者付費」的例子，社會上比比皆是，由此例已可得知並沒有得到社會福祉的最大。玄機何在？

一九九一年諾貝爾經濟學獎得主寇斯（R. H. Coase）早已爲我們揭示謎底。他在一九六〇年十月出刊的《法律與經濟學期刊》中發表〈社會成本的問題〉一文，提出了石破天驚的異於主流之論點，關於A對於B造成傷害的問題，我們一般認定的是：我們應該如何限制A的行爲。寇斯認爲這種想法是錯的，因爲我們所處理的問題帶有「交互的性質」。此即若要避免傷害到B，可能因而對A造成傷害。

因此，寇斯認爲我們必須決定的問題是：我們應該准許A去傷害B呢？還是應該准許B去傷害A？而這種問題其實就是如何減輕「傷害程度」的課題。

寇斯舉例說：有一家糕餅工廠，其機器所產生的噪音與震動聲干擾了一位醫生的診療工作。若要避免醫生受傷害，就會對糕餅工廠的主人造成傷害。

此例揭示了問題的本質：我們若限制了工廠主人的生產方式，以期醫生的工作量可以提高，必須付出的代價，就是糕餅工廠的產量將會減少。這樣做到底值不值得呢？

寇斯再舉另外一個例子來說明：牧場的牛群到處遊蕩損害鄰近農作物的問題。如果無法防止牛群到處遊蕩，要增加牛肉的供給，就必須以農作物的產量下降來作爲代價。所以，問題的本質很清楚是：要牛肉還是要農作物？其中的關鍵則是：除非我們知道我們取得的物品之價值，以及我們要取得這些物品因而放棄之物品的價值，否則這個問題的答案並不明顯。

爲了讓讀者更了解問題的內涵，寇斯再舉一個我們常見的河川汙染作爲例子。假設汙染河川所造成的損害，就是河裡的魚類會被殺死，我們必須做的決定就是：被殺死的魚類之價值，是否大於不汙染河川就無法生產出來之產品的價值？要探討這類問題，我們必須同時考慮總量和邊際量。

關於這類某一群人對另一群人造成傷害的問題，即使到現在，經濟學家大多還是認為圓滿解決的情況是：傷害別人者，必須賠償該行為所造成的損失，這也就是我們非常熟悉的「使用者付費」觀念。

我們也都知道，類似上文所提的工廠汙染、河川汙染，以及噪音等，即使利用「使用者付費」的觀念也都需要確定「產權」，以及需要公權力介入，這也是一般社會裡政府設定明確財產權，並且利用課徵汙染稅，或者法官在法庭判定賠償的方式。

讓自由市場擔任仲裁者

這種看似理所當然的方式，除了上文提及的費用設算、損害多寡的推估存在著問題外，寇斯以整體社會資源運用或社會福利的角度，得出「害人者或使用者不一定須付費」，且說不定「受害者願意付費給使用者」，讓使用者減低傷害程度，或者讓使用者搬移致傷害消失。其中的關鍵就是成本效益，或者總產量和邊際產量等設算。問題是：誰最有資格來設算？答案應是當事者自己。而一件事情的當事人是「兩方」，如何讓彼此眞實地表達出自己內心深處的眞正價值（或成本、效益）？標準答案就是競爭市場。

因此，如何創造市場，如何讓市場行為得以順利進行就是關鍵所在。若民間當事人可以心平氣和地協商解決，就沒有問題發生，否則需要第三者來擔當，而這個第三者當然是兩造當事人都信得過的，或者是族長、村長等具公信力、有威嚴者，在現代社會裡，往往換成政府扮演這種角色。

準此，發生在新營市的那個案子，代表政府的法院法官逕自判定使用者付費，而且還判定賠償金額，是否「干預過度」？別說住戶心不甘情不願含恨在心，社會福利恐怕也未達極大。不過，為什麼兩造當事人無法心平氣和地私下協商，完滿解決呢？恐怕這才是我們應該深自思索的課題。

順便一提的是，寇斯對「使用者付費」提出異見是在一九五〇年代末期，當時號稱自由經濟重鎮的美國芝加哥大學經濟學系，有著一大票全球頂尖的經濟學名家，他們大多反對政府干預，但在使用者付費上卻認同政府干預的主張。

當寇斯提出不同看法時，他們還都以為寇斯說錯了，於是舉行了一場閉門公審會，把寇斯找去芝加哥，一群人逼問寇斯。起先寇斯形單影隻，一人獨戰群雄，當他講到一半時，一九七六年諾貝爾經濟學獎得主弗利曼（M. Friedman）就起身附和他，而且代替寇斯發言，最後全體與會者完全認同寇斯的觀點。當寇斯搭車離開芝加哥返家途中，強烈感覺有必要將其論點講清楚、說明白，於是〈社會成本的問題〉這篇被引用次數名列前茅的不朽文章出爐了。

不過，寇斯到了一九八八年再寫〈闡釋社會成本的問題〉一文，感慨地說，近三十年諸多認同或批評他一九六〇年那篇〈社會成本的問題〉的論點，絕大多數都曲解了他的本意，逼得他不得不再更仔細地闡述。不知道情況是否改善了？但寇斯已在二〇一三年辭世，無法得到答案了！

七、花香不是香，怎麼說？

「花香」是外部成本，還是外部效益？一則因爲夜來香香味引發鄰居失和的新聞，凸顯化解外部性問題的重要性。由於個人感受不同，一個事件的加害者與受害人的認定困難，此時政府或許能扮演公正裁判的角色，化解外部傷害。

「那南風吹來清涼，那夜鶯啼聲淒愴，月下的花兒都入夢，只有那夜來香，吐露著芬芳。我愛這夜色茫茫，也愛著夜鶯歌唱，更愛那花一般的夢，擁抱著夜來香，吻著夜來香。夜來香，我爲妳歌唱，夜來香，我爲妳思量。啊……我爲妳歌唱，我爲妳思量……」至少中年以上的臺灣住民，一聽到這段歌詞和旋律，想必都會跟著哼唱起來。這首一九四〇年代出爐的電影《香江遺恨》的插曲《夜來香》，在南風習習吹送的月夜，哼唱起來多麼令人陶醉，而親吻夜來香、鼻聞夜來香的香味，又是多麼浪漫、多麼地詩情畫意和沁人心扉！

花香爲害，怪哉！

不過，二〇〇二年北部正鬧嚴重乾旱的臺灣五月天，卻有一位臺南市民，因爲難忍鄰居種植的夜來香之「濃香」，一狀告到環保署。這位市民在陳情函中指出，三年前鄰居開始種植一株夜來香，每當夜來香盛開時，家中全都是花香的味道，自己家中的味道頓然消失。當時樹還小，味道還較清淡，礙於鄰居情面，雖不喜歡，但還是決定忍耐。不料，三年過去，小夜來香如今長成三公尺高、兩公尺寬的大樹，散發的「香味」愈來愈濃郁，且花期長達九個月，全家乃長期陷入夜來香的災難中，而他們的臥室又正好鄰近這株夜來香，家中包括生病的父親在內經常徹夜不能成眠，全家生活所受的干擾已達忍無可忍程度。這位市民曾試著和鄰居溝通未果，也曾向地方環保機關陳情但不了了之，無計可施下乃告到中央機關。正在環保署也苦於無法可管之際，報載該鄰居在眼見鬧成大新聞後，已自動將禍首夜來香斬除。

對應於夜來香這首歌的意境，這個活生生的現實社會事件實在煞風景，可是這一家子人卻眞眞確確地受到夜來香味道之害，設身處地，大家應該也都會感同身受吧！

不過，「花香」不是好的東西嗎？這一家子的反應是不是「反常」呢？大概是吧！由此事件我們應更能體會出不可以用「想當然耳」的態度來處世，凡事應爲人設想，站在別人角度上去感受，因爲凡事大概都難免有「例外」，而這些例外也往往受到忽視呢！其實，由「海畔有逐臭之夫」這句古早就有的話語，我們也就可以得知「一樣米養百樣人」，「人各有志」並不只是說說而已的。

如何化解外部性問題？

「花香惹禍」之成爲大新聞，在於花香這種對一般人來說是求之不得的好東西，但對特殊的人卻不但不香反成害。這戶人家鐵定不會種植夜來香的，但他們是否可以禁止別人栽種呢？類似的問題像「住在鐵工廠隔壁者可以阻止工廠不開機器吵人嗎？」「公寓可以養狗嗎？」等，在現實社會裡不勝枚舉，尤其人口愈來愈多、都市愈來愈發達、高樓大廈愈來愈多，聲氣相通愈來愈難避免的現代社會，某些人的行爲難免會在無意中產生影響其他人的所謂「外部性」，特別是「外部傷害」，如何妥善化解呢？訂定法律、訴諸公權力是好方法嗎？還是當事人都心平氣和，在彼此都抱持「爲對方著想」的心態下，大家和樂地溝通來找出解決之道較好呢？

就一般常識，以夜來香事件來說，若問：「誰是受害者?」大家是否會脫口而出：「種花者的鄰居」？接下來還會有「種花的害人者應該賠償受害者」之推論。這種自然而然的反應，經由深一層的探究之後，答案可能完全相反，也許種花者也是受害人，而一般被認定爲受害的人，他不但不會要求賠償，反而會掏腰包給害人者要求其停止害人的行爲呢！這似乎違反公平正義吧?!道理何在呢？

這一家種植夜來香，其花香味道四溢，至少波及左鄰右舍，其範圍有多廣，並不容易認定。不過，即使沒做實地訪查，我們也可斷言，或有喜歡聞該株夜來香味道的鄰居或過路人，而這株夜來香砍掉之後，他們豈不是享受不到花香，不也成爲受害人嗎?再說這株夜來香的主人，爲何沒有種花的權利？而他種花、砍樹不是得花費「有形成本」嗎?連同備受輿論指責及失去種夜來香權利的心理損失，我們能說「這戶人家不是受害者」嗎？所以，一件事情的害人者、受害人，其實是很難確切認定的。其次，縱然認定了害人者和受害人，哪一方支付賠償，也還是未定之天呢！

此種異於一般常識的深層推理，是一九六〇年才出現的，主角是一九九一年諾貝爾經濟學獎得主寇斯（R. Coase）這位經濟學界的優雅隱士，他是在一九六〇年一篇精妙分析聯邦通信傳播委員會的管制哲學論文裡提出這種見解的，當年提出時，震驚了芝加哥大學那一大票世界頂尖的自由經濟大師，一場原先一（寇斯）對二十（包括弗利曼和史蒂格勒這兩位諾貝爾經濟學獎得主在內的芝大教授）的小型家庭式辯論會，到後來竟成爲二十一對零的結果，亦即所有人都倒向寇斯那一邊，而著名的「寇斯定理」也就此誕生。寇斯在返家路上思索，連頂尖學者都得花費一番唇舌說服，可見其中道理難參悟，有必要予以說清楚，於是他很快地完成〈社會成本的問題〉這篇影響深遠、也是他獲得諾貝爾獎主因之論文。之後一向由政府出面以課稅或補貼來內化外部成本或外部效益的「庇古式主張」就受到顚覆。不過，寇斯定理並非排斥或否定政府的重要，而是要政府扮演適當角色，那就是明確產權、保護產權、創造市場、充當公正裁判等職責。在自由民主社會裡，寇斯的主張是可行的，若配合「人心向善回升」就更完美了。

第五章　結語——念寇斯　思「黑板經濟學」

二〇一三年九月二日過世的一九九一年諾貝爾經濟學獎得主寇斯（Ronald Coase, 1910~2013），享年一〇三歲。寇斯是英國人，一九五一年才移居美國。這位現代隱士的「寇斯定理」被張五常教授認爲「改變了下一代的民生」，但寇斯本人卻認爲了解其本意者並不多，到底是怎麼一回事？特別有必要在寇斯永離塵世後將它引介出來，尤其當今政府大力干預、管制經濟，官民對立、族群相煎，更讓人懷念寇斯，也再深思「寇斯定理」及其抗拒（resist）「黑板經濟學」的啟示。

寇斯在一九一〇年出生於英格蘭的米德塞克斯郡，一九三二年從倫敦經濟學院畢業，隨即展開教學生涯。一九三二至三四年，寇斯任教於丹迪經濟學院，而後轉至利物浦大學（一九三四至三五年），於一九三五年回到母校倫敦經濟學院當教席。寇斯在一九五一年就移民美國，一九五一至五八年在水牛城大學謀得教職，一九五八年移到維吉尼亞大學，至一九六四年即轉赴芝加哥大學，擔任法律學院和商學院合聘教授，退休後直到二〇一三年去世一直是芝大的名譽退休教授。寇斯在一九六四至八二年這一段長時間，由達瑞克特手中接下著名的《法律與經濟學期刊》主編重任，奠定了該期刊迄今的崇高學術地位，也使法律經濟學發出炫目的光芒。

著名論文不超過一打

在長達七十五年的研究生涯中，寇斯只寫約十二篇「著名」論文。他很少用、可說幾乎不用數學，對實際世界做觀察，被譽為「二十世紀最不尋常的經濟學家」，其影響既深且遠。在前二十年研究生涯中，寇斯雖是一位「社會學家」，卻擁有一個極少社會學者具有的癖好，此即對經濟體系的如何運作非常好奇。

一九三一年，寇斯大學畢業的前一年，剛滿二十歲時獲得一項遊歷的獎學金，到美國一遊，除了參訪福特和通用兩家汽車大廠外，還到芝加哥大學旁聽奈特這位芝加哥學派掌門人的課，一九三二年返回英倫後寫下〈廠商的本質〉這篇文章，不過竟然等到約六年之後（一九三七年）才發表。這篇文章很有名，但其巨大的影響力，要到近四十年後才發揮出來。一個二十一歲的青年，竟然可以寫出一篇近四十年後在經濟學上具有革命性的文章，無怪乎全球產權名家張五常教授會說「奇哉怪也」。

廠商為何存在？

寇斯親眼見識到美國大汽車廠的良好營運，對於經濟學家認為列寧相信蘇聯經濟體可以像一家大工廠一樣運轉是錯的之說法，甚感困惑。在〈廠商的本質〉這篇宏文中，寇斯給出了答案，此即廠商固然很像中央計畫經濟體，但不同的是，它是由人們自願選擇形成的，也就是說，係「由下而上自然形成」而非「由上而下高壓強制形成」的。爲何人們會做此種選擇呢？因爲「市場運作成本的存在」，也就是有「交易成本（或費用）」，就因爲市場使用成本的存在，最有效率生產過程往往在廠商內部出現，這種爲何廠商會存在的解釋催生了一個學門。

寇斯在一九六〇年發表的〈社會成本的問題〉一文更是驚天動地，也促成「法律經濟學」這一學門的誕生。在寇斯之前，絕大多數經濟學家都接受英國經濟學家庇古的說法，舉例來說，若牧場養的牛毀壞了隔鄰農家的農作物，政府就應該對牧場主人收費或課稅來阻止牛隻的損害並補償農人的損失，這也就是當今流行的「使用者付費」理念。寇斯的論文挑戰此種說法，他認爲農人也可能付費給養牛者來防止作物損毀。究竟誰該付費及付多少費用，應由當事人協商，不應由政府全權決定。

一九八二年諾貝爾經濟學獎得主史蒂格勒更就寇斯的主張創出了膾炙人口的「寇斯定理」這個專詞，但史蒂格勒的詮釋：「若交易成本爲零，就不需政府做任何干預」，韓德遜（David R. Henderson）在二〇一三年九月五日發表在《華爾街雜誌》

（*The Wall Street Journal*）的悼念文中認爲不被寇斯認同，因爲寇斯明確澄清說他並沒假設交易成本爲零。究竟「寇斯定理」的眞義是什麼？寇斯自己又是如何的說法？

寇斯在一九八八年，也就是〈社會成本的問題〉一文發表二十八年之後，才寫了〈闡釋社會成本的問題〉（Notes on the Problem of Social Cost）這篇文章來綜合回答及澄清他在〈社會成本的問題〉中所闡述的道理。一開始就談「寇斯定理」，寇斯是這麼寫的：「『寇斯定理』這個名詞不是我創造出來的；將這個定理加以明確地模型化的，也不是我本人，這全都要歸功於史蒂格勒。雖然史蒂格勒的表達方式與我的方式有很大差異，但他對這個定理的說明，則的確是根據我的論著，而且在我的著作中也可以發現相同的想法。」

「寇斯定理」眞義何在

寇斯明確指出，「寇斯定理」這個命題是由他一九五九年刊在《法律與經濟學期刊》的〈聯邦通信傳播委員會〉一文轉化出來的。寇斯親筆寫下「寇斯定理」的要義爲：「權利的界定，雖然是市場交易得以進行的先決條件……但是，最終的結果（此結果會導致產值臻至極大）卻與法律如何規定無關。」我們可用更白話來說，就是

「產權的明確判定是先決條件，至於判定給誰，則與最終結果無關」（無論產權屬於誰，都會得到產值極大的結果）。

寇斯在該文中也明寫著史蒂格勒用「……在完全競爭情況下，私人成本就會等於社會成本」來說明寇斯定理，若交易成本不存在，獨占廠商就「表現得像一家完全競爭廠商」，因此，假如交易成本不存在，私人成本就會等於社會成本。雖然寇斯是用「產值極大化」來表達寇斯定理，與史蒂格勒用「私人成本等於社會成本」的方式不同，但兩者論點是一致的、相同的。

對於寇斯和史蒂格勒對「寇斯定理」的陳述，論者幾乎都聚焦於「寇斯假設交易成本爲零或完全競爭是錯的」，因爲實際世界不是這樣的，寇斯苦口婆心澄清說，這種假設是當代經濟學和經濟學家通用的，他只是藉以說明如果這種假設是眞的，那麼市場機能就可達到最佳效果，政府不需要干預。就因爲實際世界充斥交易成本，不是「黑板經濟學」的世界，經濟學家應該走出象牙塔，對實際世界觀察，研究如何降低交易成本，更不能以交易成本存在（或完全競爭不存在）當作「市場失靈」的現象而衍生出政府管制、干預，這也就是「庇古氏租稅」出現的主因，而在黑板上演算就可得到達成最佳狀態的政府政策是什麼。

寇斯在文章中特別強調：「交易成本爲零的世界，常常被稱爲寇斯的世界（Coasian world），這眞是錯得無以復加。現代經濟理論的世界，才是交易成本爲零的世界」，而這正是他極力想說服經濟學家離開的世界。在〈社會成本的問題〉一文中，寇斯所做的，就是在釐清這個世界的一些性質。他認爲，在那樣的世界裡，資源的分配與法律規定無關。這個結論就被史蒂格勒名爲「寇斯定理」：「……在完全競爭情況下，私人成本就會等於社會成本。」甚至「在完全競爭情況下」這個限制條件，都可以加以省略。

寇斯指出，庇古的著作，一直主宰這個領域的思想。經濟學家遵循庇古的主張，嘗試去解釋爲何私人成本與社會成本會發生差異，以及該如何解決這個問題。但在他們所使用的經濟理論中，私人成本與社會成本卻永遠相等。這也就難怪他們的結論經常是錯誤的。經濟學家所以會犯錯，原因在於他們未曾將一個關鍵的因素納入考慮；而這個因素，卻是他們在分析法律改變對資源配置的影響時，所不可或缺的。這個漏掉的因素，就是「交易成本的存在」。

如果交易成本爲零，生產者可以安排各式各樣的契約，以期產值臻至極大。假設有辦法使損失減少，而且所花的成本小於損失下降的幅度，又假如這些是可採用之辦法中成本最小的，則這些辦法就會被採行。有可能只有某個生產者採用這些辦法，也有可能好幾個生產者同時採行。

庇古氏租稅不可能得到

關於庇古氏租稅，寇斯在〈闡述社會成本的問題〉文末引述包莫的話：「總括來說，要一五一十地實施庇古氏租稅制度，我們實在沒有什麼理由抱持太大的信心。實施這個制度所需要的租稅，或所需給予補貼的額度，我們不知道應該如何去計算，也不知道如何由嘗試錯誤中去算出大概的數字。」他表示：「包莫所說的『庇古派傳統的結論本身，實際上是沒有瑕疵的』，指的應是邏輯上沒有瑕疵；而且假定能將該制度付諸實施的話，資源的配置可以達到最適（但事實上，這些稅制方案是無法施行的）。就這一點而言，我從來沒有否認過。我的看法不過是，這些稅制方案只是些夢想罷了。當我年輕的時候，有人說，說不出口的蠢話，可以用唱的。而在當代經濟學中，說不出口的蠢話，則可以用數學來表達。」

寇斯其實告訴我們，縱使在黑板上能畫出漂亮的圖，指出課稅能達到社會資源最有效率的最適產出均衡點，但實際上是無法計算的，也不可能達到的。那麼如何做才好呢？我們先將〈社會成本的問題〉的產生過程介紹之後，再來談這個問題。

由上文的分析可知，「寇斯定理」的提出源頭是〈聯邦通信傳播委員會〉和〈社會成本的問題〉二文，而該二文在面世後的近三十年中雖獲得極大回響，但寇斯卻覺得沒有被看懂，又得勞動他在二十八年之後再寫〈闡述社會成本的問題〉來澄清。這並非寇斯的文筆不好，也不是使用高深數學，被認爲最能領悟寇斯說法的張五常就這樣說：「不少經濟學者都知道，寇斯曾不斷地申訴過，讀者不明白他的文章。但一般讀者卻認爲，寇斯的文字好得出奇，明朗之極。已故的詹森是文字操縱自如的大名家，他曾告訴我，寇斯是百年僅見的文字高手。但爲什麼寇斯認爲別人看不懂他的文章？我覺得他並非過於敏感，而是他的思想深不可測，明朗的文章讀來似淺實深，使得很多不眞正明白其意的人以爲自己明白了。」

〈社會成本的問題〉之誕生

張五常表示，他是由一九六二年起細讀寇斯的〈社會成本的問題〉的，且一次又一次地讀了三年，期間每讀一次後都靜靜地思索，思索後又再讀。由此可見「理白言明」的好文章，其內涵也不是容易領悟的，非得下功夫再三揣摩不可。這一篇讓寇斯獲得諾貝爾獎的巨作，其誕生過程很值得一說再說。

一九五八年末，《法律與經濟學期刊》創刊號出版了，剛到維吉尼亞大學任職的寇斯一看，覺得很有意思，便在一九五九年投稿一篇長文，名爲〈聯邦通信傳播委員會〉。主編的達瑞克特一讀來稿，驚爲「天文」，就把它發表於一九五九年那期的首位，但面世已是一九六〇年了。原因是雖然達瑞克特認爲是天才之作，但當時芝加哥大學的衆多經濟學高手都說寇斯的論點錯了，不修正就不應發表。達瑞克特將所有的反對觀點向寇斯轉達，但寇斯堅持己見，不認爲是錯的，「死不悔改」。這樣書信來往好幾次，到最後，寇斯回信說：「就算我是錯吧！你不能不承認我錯得很有趣味，那你就照登可也。」達瑞克特的回應是：「我照登可以，但你必須答應在發表之後，到芝加哥大學來做一次演講，給那些反對者一個機會，親自表達他們的反對觀點。」寇斯回信說：「演講是不必了，但假若你能選出幾位朋友，大家坐下來談談，我倒是很樂意赴會。」

後來在一九六〇年春天的一個晚上，達瑞克特邀請了弗利曼、史蒂格勒、哈伯格、貝利、嘉素、麥基、路易斯、敏茲等，加上達瑞克特及寇斯共二十一人與會，經濟學的討論從來沒有那樣多的高手雲集。

這是經濟學歷史上最有名的辯論聚會，辯論是在達瑞克特的家裡舉行。達瑞克特在家裡請吃晚飯，飯後大家坐下來，寇斯問：「假若一間工廠，因生產而汙染了鄰居，政府應不應該對工廠加以約束，以抽稅或其他辦法使工廠減少汙染呢？」所有在座的人都同意政府要干預，但寇斯說：「錯了！」跟著而來的爭論長達兩個小時，結果是寇斯屹立不倒，其他的高手全倒向寇斯這邊。有趣的是，寇斯是出身於主張政府干預的倫敦經濟學院，而這些芝加哥學派的高手是在反對政府干預的芝加哥大學，此時竟然角色倒置，最後還是回歸政府不應干預。

寇斯的〈聯邦通信傳播委員會〉一文，探討的是美國的「聯邦通信傳播委員會」（Federal Communications Commission, FCC），它是一家權力極大的政府機構，管轄美國的全部媒體，舉凡電臺、電視臺、電話、刊物等都包括在內。寇斯問：這機構的龐大權力從何而來？他追尋歷史，得到很清楚的答案。在上世紀初期，美國東岸的漁民駛船出海捕魚，一去就是好幾天，家裡的人與他們聯絡靠的是收音機。假若兩艘或多艘漁船同時用同一個收音頻率與岸上的家人對話，那麼聲音就會在空中亂作一團，使對話聽得不清楚。後來用收音機與陸上對話的船隻愈來愈多，各頻率亂搭一通，弄得亂七八糟。更甚者，有些好事之徒，爲了過過癮亂用頻率，向漁船廣播錯誤的天氣訊息。這樣的情況當然不能容忍下去。美國FCC的前身是個很小的機構，設於一九二七年，用以管制播音頻率的使用，有系統地控制收音混淆的情況，有了這成功的一頁，這個小小的委員會，其權力迅速擴大，從一九三四年開始擴展到美國所有的傳媒及通訊各方面去。

本來是明顯不過、要一個近乎政府的機構來管轄的事，寇斯卻認為是多此一舉！他認為「收音」在空間弄得一塌糊塗，是因為頻率沒有明確的、清楚的權利界定。問題的所在，是由於頻率不是私產，若沒有管轄，誰都可以任意使用，豈有不亂七八糟之理？假若每個頻率都被界定為私有的產權，那麼越權侵犯的人就會被起訴。如果所有的頻率都成為私產，那麼沒有頻率「在手」而又要使用的，大可向頻率的擁有者租用。市場於是發揮作用而大顯神威，把空間頻率亂搭一通的混淆「整理」得一清二楚，而價高者得的方法，可以使頻率的使用轉到願出高價者的「手上」去。

如上文引述過的，在〈聯邦通信傳播委員會〉一文內，寇斯所說的：「清楚的權利界定是市場交易的先決條件。」這一句話就產生了舉世知名的「寇斯定理」。張五常指出：「不要以為這話很膚淺。在今天，有好些經濟學博士還是對它不大了了。也是在今天，整個北京政權都不明其理。清楚的權利界定是私有產權，北京的執政者一方面要保持公有制，另一方面要發展市場，怎會不互相矛盾，前言不對後語呢？」

張五常表示，芝加哥大學的衆多高手，當年反對寇斯在〈聯邦通信傳播委員會〉文內的分析，不是因爲寇斯認爲把播音的頻率私產化就可以解決問題，他們反對的是，作者寇斯把頻率公用的混淆「一般化」，衍生到他們認爲政府必須干預的例子上去。

清楚界定私有產權就是關鍵

寇斯認爲，頻率公用的混淆效果，與任何資產公用的效果相同。他說，一塊地用來種植，同時又用來停車，其效果與頻率亂搭同樣的一場糊塗。他於是指出，停車的人損害了種植者，要前者賠償後者可能是錯的。如果爲了要種植而不許停車，那麼種植者豈不是也損害了停車者？那麼種植者是否要賠償停車者的損失呢？工廠汙染鄰居，要工廠賠償給鄰居嗎？還是要鄰居賠償給工廠，請工廠減少汙染？寇斯也認爲，說不定工廠汙染愈厲害，對社會貢獻可能愈大！

在達瑞克特家裡的大辯論，其結局是使每個參與的人都恍然大悟：頻率亂搭既然是產權的問題，那麼汙染也是產權的問題了。工廠是否有權汙染鄰居，鄰居是否有權不受汙染？權利誰屬不重要，重要的是要有「業主」，要有清楚的權利界定。一旦界定了，是工廠的也好，是鄰居的也好，汙染的「多少」就可用市場的交易來解決；而不管權利誰屬，只要被界定了，在市場的運作下，其汙染程度都是一樣的。張五常說：「寇斯定理就是這樣簡單」。

寇斯對張五常說，當他那天深夜踏出達瑞克特家時，已成竹在胸。回到維吉尼亞大學之後，他答應達瑞克特寫一篇那天晚上他所做的澄清與分析的文章，這篇文章就是〈社會成本的問題〉，是二十世紀被引用次數最多的經濟學作品。

「黑板經濟學」的世界是交易成本爲零的世界，與實際世界大不相同，現實人間充斥交易成本，人際間也到處是互相影響、互相傷害的場景，寇斯要經濟學家走入充斥交易成本的世界來面對問題、解決問題。他認爲政府干預、管制不只無效，還會產生「卡特爾」（cartel，聯合壟斷）、尋租（勾結、特權、保護等）、鑽營及其他負面效果，而當今世人通用的「庇古式租稅」不能解決問題，也不能達到社會資源的最有效率使用境界。

明確的權利設定或產權明確是先決條件，在產權明確之後，如何在交易成本最低下達到產值最大呢？政府明確產權，充當公正裁判，創造一個和諧的協商市場，讓當事人「誠實地」反映各自成本效益而訂約成交，是不是最好辦法？在當今爾虞我詐，假、騙、不誠信當道，人人爲近敵，交易成本龐大的現實人間，這種方式好像不是社會產值最大、成本最低的辦法，似乎是烏托邦想法。但國家領導人若能講信修睦，上行下效，讓「說眞話、辨眞事、做眞人」的社會早日實現，不是很容易就可做到了嗎？

關懷中國經改和中國人民

寇斯對擁有五千年神傳文化的中國及中國人民特別關心，當一九七八年底鄧小平宣布「放權讓利」改革開放，他就催促產權名家張五常教授趕緊參與其中，因爲張教授對體制變革和產權最清楚，又懂中文，最能幫助中國往正確的路進行改革。而張五常也聽從寇斯的話由美國回香港任教，並重拾早年修習的中文，寫出一篇篇有關種種私產和權利界定明確重要的通俗文章，將寇斯的理論菁華轉化成實際應用。他由寇斯所創的「交易成本與權利界定」這兩項寇斯的看家本領入手，指出「資產的所有權不重要，但資產的使用權與收入權重要」，避免使用「私產」、「資本主義」、「自由」等中共視爲禁忌的名詞。

不過，一九八九年「六四天安門事件」的發生，以及中國漸進局部開放和在共產黨中央專制主導放權讓利下，造成「太子黨」這種「新的強大既得利益集團」興起，落入張五常早年就憂心的「分類管制印度之路」，中國經濟陷入困境，中國人民還是得受苦，甚至會殃及全世界，不免讓人感嘆。或許張五常不相信經濟學者有本領改進社會，更不同意改進社會是經濟學者的責任，以及強調他絕對不同意凱因斯說的「政治狂人只不過是一些死去了的經濟學者的思想奴隸」，可能就是中國經改挫折帶給他的打擊之故。還好的是，張五常相信經濟學者的職責是解釋世事或現象，於是遵從寇斯跳脫「黑板經濟學」，將走向歧路的當代經濟學進行改造，終於完成了《經濟解釋》巨著，在二十一世紀新世紀打入中國的大學，而青年學子也紛紛閱讀，也許對於中國下一代人的思想將會起很大的作用。

雖然共產中國沒有言論自由（這也是寇斯最在意的，認為中國經濟無法進一步自由化的關鍵因素，也就是缺乏「自由思想觀念市場」），不過，張五常卻巧妙地藉由經濟學教本悄悄地打開了這個市場，這也讓我想起臺灣威權時期言論管制，不只媒體家數，連發表的言論都受高度管制，但在「經濟言論」上卻不設防，於是自由經濟學者受邀在有限的媒體上做口頭和文字傳播，藉著對「自由經濟理念」言論的傳布，將

「自由思想」廣泛散布，對臺灣的解嚴助一臂之力。十多年前以爲共產中國在這方面也是複製臺灣經驗，最終也將達到政治自由、專制解體、自由民主社會的出現，沒想到共產中國卻走回頭路，更利用科技做更嚴厲的管制，想必寇斯在天之靈也感嘆不已吧！

寇斯大事年表

年代	生平紀事
一九一〇年	十二月十九日出生於英格蘭倫敦
一九二九年	就讀倫敦經濟學院產業組
一九三一年	初次赴美遊學一年
一九三二年	十月受聘為丹迪經濟暨商業專校助理講師
一九三四年	受聘為利物浦大學助理講師
一九三五年	擔任倫敦經濟學院助理講師
一九三七年	二十一歲，於《經濟學刊》（*Economica*）發表〈廠商的本質〉一文，四十年後才受到重視，開創「廠商理論」，並成為寇斯獲一九九一年諾貝爾經濟學獎重要因素之一
一九五一年	移民美國任教於水牛城大學
一九五八年	轉赴維吉尼亞大學任教，一九五八到一九五九年一整年在史丹佛大學的行為科學高級研究中心，寫了〈聯邦通信傳播委員會〉這篇重要論文，刊登於《法律與經濟學期刊》
一九六〇年	發表〈社會成本的問題〉刊於《法律與經濟學期刊》，此文一發表就大受注目廣被引用，「寇斯定理」出現，也成寇斯獲諾貝爾獎的重要因素

一九六四年	轉赴芝加哥大學，擔任法律學院和商學院合聘教授，並接下《法律與經濟學期刊》主編（1964~1982）
一九八二年	從芝大法律學院退休，受聘為名譽教授，持續穿梭校園從事學術研究
一九九一年	八十一歲高齡榮獲諾貝爾經濟學獎
二〇一二年	與王寧合著《變革中國：市場經濟的中國之路》（*How China Became Capitalist*）
二〇一三年	九月二日於芝加哥辭世，享年一〇三歲

國家圖書館出版品預行編目資料

寇斯：超越「黑板經濟學」的法律經濟學鼻祖 / 吳惠林著 . --
二版 -- 臺北市：五南圖書出版股份有限公司，2023.10
面； 公分 . -- (大家身影系列；21)
ISBN 978-626-366-584-2 (平裝)

1.CST: 寇斯 (Coase, Ronald Harry, 1910-2013)
2.CST: 經濟學家 3.CST: 傳記 4.CST: 經濟思想

550.189 112014859

大家身影 021

寇斯

超越「黑板經濟學」的法律經濟學鼻祖

作 者 —— 吳惠林
發 行 人 —— 楊榮川
總 經 理 —— 楊士清
總 編 輯 —— 楊秀麗
主 編 —— 侯家嵐
責任編輯 —— 侯家嵐
內文校對 —— 石曉蓉
封面設計 —— 陳亭瑋
出 版 者 —— **五南圖書出版股份有限公司**
地 址：臺北市大安區 106 和平東路二段 339 號 4 樓
電 話：02-27055066（代表號）
傳 真：02-27066100
劃撥帳號：01068953
戶 名：五南圖書出版股份有限公司
網 址：https://www.wunan.com.tw
電子郵件：wunan@wunan.com.tw
法律顧問 —— 林勝安律師
出版日期 —— 2017 年 5 月初版一刷
2023 年 10 月二版一刷
定 價 —— 350 元